Firefox

Alles zum Kult-Browser

Lars Schulten

O'REILLY®

Beijing · Cambridge · Farnham · Köln · Paris · Sebastopol · Taipei · Tokyo

Kommentare und Fragen können Sie gerne an uns richten:
O'Reilly Verlag
Balthasarstr. 81
50670 Köln
Tel.: 0221/9731600
Fax: 0221/9731608
E-Mail: kommentar@oreilly.de

1. Auflage 2005

Bibliografische Information Der Deutschen Bibliothek
Die Deutsche Bibliothek verzeichnet diese Publikation in der Deutschen Nationalbibliografie; detaillierte bibliografische Daten sind im Internet über *http://dnb.ddb.de*

Lektorat: Michael Gerth, Köln
Korrektorat: Oliver Mosler, Köln
Satz: G&U e.Publishing Services GmbH, Flensburg
Umschlaggestaltung: Michael Oreal, Köln
Produktion: Karin Driesen, Köln
Druck: fgb freiburger graphische betriebe; www.fgb.de

ISBN 3-89721-510-1

Dieses Buch ist auf 100% chlorfrei gebleichtem Papier gedruckt.

Inhaltsverzeichnis

Vorwort **7**

1 Warum Firefox? **11**
Was Firefox bietet 11
Firefox macht das Umsteigen leicht 12
Firefox ist schlank 13
Firefox ist einfach einzurichten 14
Firefox ist schnell 15
Firefox ist anpassbar 15
Firefox ist erweiterbar 16
Firefox ist sicher 17
Firefox ist Open Source 18

2 Tabs **20**
Mehrere Webseiten in einem Browserfenster 20
Webseiten in Tabs öffnen 21
Zwischen Tabs hin- und herwechseln 23
Tabs schließen 23
Tabs konfigurieren 24
Erweiterte Tab-Funktionen 26

3 Suchen **28**
In Webseiten suchen 28
Websuche 30

4 Speichern und Downloads **37**
Webseiten speichern 37
Mit Inhalten von Webseiten arbeiten 38
Links weiterverwenden 40
Grafiken weiterverwenden 42
Andere Inhalte öffnen 44
Der Download-Manager 46
Downloads konfigurieren 49

5 Drucken ... **51**
Webseiten drucken ... 51
Die Druckvorschau ... 53
Das Seitenformat einrichten ... 56

6 Schneller im Web ... **61**
Die Liste der besuchten Webseiten ... 62
Die Chronik ... 62
Adressleiste und Chronik ... 68
Cache ... 70
Gespeicherte Formulardaten ... 73
Gespeicherte Passwörter ... 75

7 Lesezeichen ... **81**
Lesezeichen anlegen und verwenden ... 82
Lesezeichen organisieren ... 83
Lesezeichen für mehrere Seiten erstellen ... 85
Dynamische Lesezeichen ... 86
Die Lesezeichen-Symbolleiste ... 88
Die Lesezeichen-Sidebar ... 88
Drag-and-Drop mit Lesezeichen ... 90
Lesezeichen-Funktionen ... 92
Lesezeichen-Eigenschaften ... 94
Lesezeichen verwalten ... 99

8 Was Websites dürfen ... **104**
Pop-ups ... 105
Grafiken blockieren ... 108
Software-Installation ... 111
Java ... 117
JavaScript ... 117
Cookies ... 119
Plugins ... 125

9 Firefox anpassen ... **131**
Die Startseite ändern ... 131
Firefox zum Standardbrowser machen ... 133

Bevorzugte Sprachen angeben 134
Zeichenkodierung 135
Das Aussehen von Websites ändern 136
Die Benutzeroberfläche anpassen 140
Themes 145

10 Firefox erweitern 148
Erweiterungen installieren 148
Erweiterungen konfigurieren 151
Erweiterungen deaktivieren bzw. reaktivieren 152
Erweiterungen deinstallieren 153
Erweiterungen aktualisieren 153
Ein paar Erweiterungen 153

11 Benutzerprofile 163
Profile 163
Mit Profilen arbeiten 164
Profile wiederverwenden 168
Einzelne Profildaten wiederverwenden 172

Anhang A: Installation und Aktualisierung 176
Firefox installieren 176
Benutzerdaten und Browsereinstellungen übernehmen 178
Firefox aktualisieren 180
Firefox deinstallieren 183

Anhang B: Tastenkombinationen 184

Anhang C: Profilordner 187
Speicherorte für Profile 187
Ordner und Dateien in Profilordnern 188

Anhang D: Webressourcen 191
Deutsche Webseiten 191
Englischsprachige Webseiten 191

Index 193

Vorwort

Firefox ist die neue Browser-Alternative. Er bietet alles, was das Surfer-Herz begehrt, ist schlank, schnell, sicher, einfach zu handhaben und bietet eine Reihe von Funktionen, die das Surfen wieder zu einem wahren Vergnügen machen. Mit diesen Qualitäten hat er sich schnell einen Namen gemacht und beginnt mehr und mehr Rechner zu erobern.

Abbildung V-1:

Mit einer für ein Open Source-Projekt beispiellosen spendenfinanzierten Werbeaktion in der FAZ hat auch die Firefox-Gemeinschaft ihren Beitrag zur Verkündung der frohen Botschaft geleistet.

Lange Zeit hat der Internet Explorer von Microsoft die Browser-Landschaft beherrscht. Wenn man Statistiken glauben darf, waren zu seinen besten Zeiten mehr als 95% aller Surfer mit ihm im Web unterwegs. Jetzt sieht es so aus, als sei diese Zeit vorbei. Erstmalig seit seiner Einführung verliert der Internet Explorer Marktanteile – und zwar an Firefox.

Wenn Sie erfahren wollen, warum das so ist und warum auch Sie den Browser wechseln sollten, und wenn Sie erfahren wollen, was alles in Firefox steckt und wie Sie das Beste aus Firefox herausholen, dann sind Sie hier an der richtigen Adresse.

Über dieses Buch

Alle sagen, Firefox ist schlank und einfach zu bedienen. »Wozu braucht man da ein Handbuch?«, fragen Sie sich vielleicht. Und wenn Sie Firefox einfach nur verwenden wollen, um Webseiten aufzurufen und auf Links zu klicken, haben Sie vielleicht auch Recht. Aber wenn Sie in Firefox das Werkzeug entdecken wollen, das Ihnen das Internet aufschließt wie ein guter Reiseführer das nächste Urlaubsland, kann Ihnen dieses Buch fruchtlose Experimente ersparen.

Der Inhalt

Dieses Buch bietet umfassende Informationen über die Funktionen und Einrichtungen von Firefox. Es zeigt Ihnen, wie Sie Firefox effektiv einsetzen und mit ihm das Vergnügen, das das Web sein kann, wiederentdecken. Es zeigt Ihnen außerdem, an welchen Schrauben Sie drehen müssen, wenn Sie Firefox noch effektiver machen oder an Ihre ganz persönlichen Bedürfnisse anpassen wollen.

Das erste Kapitel bietet all denen einen Überblick, die noch nicht genau wissen, was sie bei Firefox erwartet. Es illustriert die wichtigsten Argumente für Firefox und bietet ein paar Hintergrundinformationen. Wenn Sie Firefox bereits kennen, können Sie Kapitel 1 überspringen.

Die Kapitel 2 bis 7 behandeln Themen, die für die tägliche Arbeit mit Firefox interessant sind, zum Beispiel:

- Tabs
- Suchen
- Speichern und Downloads
- Gespeicherte Formulardaten und Passwörter
- Chronik
- Lesezeichen

Die Kapitel 8 bis 11 befassen sich mit den unterschiedlichen Einrichtungsmöglichkeiten, die Firefox bietet, zum Beispiel:

- Pop-up-Blocker
- Umgang mit Grafiken
- Plugins
- Benutzeroberfläche anpassen
- Themes
- Erweiterungen
- Profile

Das Buch schließt mit mehreren Anhängen, die unterschiedliche Fragen behandeln:

- Installation, Einrichtung, Aktualisierung
- Tastaturkürzel
- Datei-Infrastruktur

Leider lassen sich auf dem beschränkten Raum, den ein Buch bietet, nicht alle Fragen behandeln. Insbesondere die

Möglichkeiten, Firefox über Konfigurationsdateien manuell anzupassen, mussten dem leider zum Opfer fallen.

Wenn dieses Buch noch Fragen offen lässt, bietet sich das Internet als unerschöpfliche, manchmal aber etwas schwer zu sichtende Informationsquelle an. Eine Aufstellung weiterer Firefox-Ressourcen finden Sie in Anhang D, *Webressourcen*.

Kapitel 1

Warum Firefox?

Der Mensch ist ein Gewohnheitstier. Diese recht allgemeine Aussage gilt sicher auch für lieb gewonnene Arbeitsmittel wie Internet-Browser. Man braucht schon gute Gründe, damit man sich dazu durchringt, einem vertrauten Weggefährten den Rücken zu kehren und sein Glück mit einem neuen zu versuchen. Sehen wir uns also an, was Firefox zu bieten hat.

Was Firefox bietet

Firefox ist ein vollständiger Browser und bietet alle Funktionen, die Sie aus anderen Browsern kennen und die Sie benötigen, wenn Sie im Web unterwegs sind. Darüber hinaus bietet er eine Reihe von Funktionen, die nicht zum üblichen Browser-Repertoire zählen, die Ihnen das Surfen aber noch angenehmer und leichter machen:

- Einen integrierten *Pop-up-Blocker*, der verhindert, dass Webseiten ungefragt neue Browserfenster öffnen.
- *Tabs*, über die in einem Browserfenster mehrere Webseiten geöffnet werden können.
- Einen *Download-Manager*, über den laufende und abgeschlossene Downloads komfortabel verwaltet werden können.

- Eine *Websuche*, über die Sie aus Firefox heraus auf die unterschiedlichsten Suchmaschinen zugreifen können, ohne erst auf die entsprechenden Webseiten wechseln zu müssen.
- *Dynamische Lesezeichen*, über die Sie bequem die Schlagzeilen von Internet-Nachrichten-Channels einsehen können.
- *Schlüsselwörter*, mit denen Sie Kurznamen für Webadressen definieren können, über die Sie die Seiten schnell über die Adressleiste aufrufen können.

All diese Funktionen werden wir in diesem Buch ausführlich behandeln.

Firefox macht das Umsteigen leicht

Egal von welchem Browser Sie kommen, bei Firefox müssen Sie sich nicht groß umstellen. Die Buttons, die Firefox bietet, entsprechen den Buttons, die Sie an den entsprechenden Stellen in anderen Browsern finden. Auch die Menüstruktur unterscheidet sich nicht wesentlich von der anderer Browser.

Webseiten rufen Sie weiterhin auf, indem Sie sich in die Adressleiste begeben. Sie klicken auf die Vor- und Zurück-Buttons, um zwischen den bereits besuchten Seiten zu wechseln. Sie wählen *Datei → Speichern unter*, um eine Webseite zu speichern, *Ansicht → Statusleiste*, um die Statusleiste ein- und auszublenden, usw.

Einige Funktionen werden anders bezeichnet. Das, was im Internet Explorer der Verlauf ist, ist bei Firefox die Chronik. Die Favoriten heißen Lesezeichen, die Explorer-Leiste Sidebar und statt des Fragezeichens bietet Ihnen Firefox explizit Hilfe an. Aber da Sie die entsprechenden Optionen in der Regel an der gleichen Stelle finden wie in anderen Browsern, können Sie leicht herausfinden, welche bekannte Funktion sich hinter einem ungewohnten Namen verbirgt.

Firefox ist schlank

Firefox' Schlankheit beginnt bei der Größe des Pakets, das Sie aus dem Internet herunterladen müssen. Er ist schnell installiert, eingerichtet und notfalls auch wieder deinstalliert.

Schlank, oder besser gesagt aufgeräumt, ist Firefox auch, weil er vollständig auf das Surfen im Web ausgerichtet ist. Er besitzt keinen integrierten Mail-Client und auch Ihren Messenger können Sie nicht direkt aus dem Browser heraus aufrufen. Trotzdem bietet er alles, was Sie benötigen, wenn Sie im Web unterwegs sind. Ein Blick auf Firefox und die Firefox-Startseite in Abbildung 1-1 wird Ihnen das bestätigen.

Abbildung 1-1:
Firefox und die Firefox-Startseite.

Eine Menüleiste, eine Symbolleiste mit ein paar Navigations-Buttons sowie die Adressleiste – mehr finden Sie hier nicht. Sicher wirkt das im Vergleich zu dem, was andere Browser wie der Internet Explorer – von Opera oder Netscape ganz zu schweigen – anbieten, geradezu spartanisch. Aber es sorgt dafür, dass die Benutzeroberfläche aufgeräumt und übersichtlich bleibt und der Bildschirm der Webseite überlassen bleibt, die Sie schließlich sehen wollten.

Über die Menüs können Sie auf alle anderen erforderlichen Funktionen wie Drucken, Speichern usw. zurückgreifen. Wenn Sie eine bestimmte Funktion lieber über einen Button aufrufen möchten, können Sie Firefox jederzeit dementsprechend anpassen.

Genauso übersichtlich wie Firefox ist die Firefox-Startseite. Das dominante Element ist die Google-Suche, und damit das, was man am häufigsten braucht, wenn man im Web unterwegs ist. Firefox-relevante Informationen finden Sie über die Links am unteren Seitenrand. Erste Anlaufstelle für alles, was Firefox betrifft, ist die »Firefox Central«-Seite, die Sie über »Firefox Hilfe und Erweiterungen« erreichen. Dort finden Sie Informationen und weitere Links zu Firefox.

Firefox ist einfach einzurichten

Schlank ist Firefox auch, weil er Sie nicht mit unzähligen, unverständlichen Einstellungsmöglichkeiten überfordert. Wenn Sie mit *Extras → Einstellungen* den Einstellungen-Dialog öffnen, werden Sie überrascht sein, wie übersichtlich und verständlich ein Einstellungen-Dialog sein kann.

Im Vergleich zu anderen Browsern bietet Firefox im Einstellungen-Dialog eher wenig Konfigurationsmöglichkeiten. Aber diese sind sehr gezielt ausgewählt und bieten Ihnen Zugriff auf die Funktionen, deren Verhalten man am häufigsten steuern möchte. Wenn Sie eine Weile mit diesen Einstellungen gearbeitet haben, werden Sie feststellen, wie viel mehr weniger sein kann.

Firefox ist schnell

Firefox ist schnell. In dieser Hinsicht müssen Sie auf nichts verzichten. Er startet nicht ganz so schnell wie der Internet Explorer, weil er nicht so tief in das Betriebssystem integriert ist. Aber er baut Ihre Webseiten genauso schnell auf.

Firefox ist auch schnell, weil er Ihnen viele Annehmlichkeiten bietet, die Ihnen beim Surfen auf die Sprünge helfen. Beispielsweise müssen Sie nur in das Feld für die Websuche rechts neben der Adressleiste klicken, einen Begriff eingeben und dann Enter drücken, um eine Suche auf Google auszuführen.

Und Sie können Firefox noch schneller machen, indem Sie ihm gezielt sagen, welche Inhalte Sie wirklich sehen wollen. Wenn Sie ihm sagen, dass Sie bei bestimmten Seiten auf Grafiken, Java-Anwendungen und Ähnliches verzichten können, verbringt er keine Zeit damit, Aufgaben zu erfüllen, die Sie ihm gar nicht abverlangen, und liefert Ihnen schneller die Seiten, die Sie sehen wollen.

Firefox ist anpassbar

Wenn Ihnen die Firefox-Benutzeroberfläche zu spartanisch ist oder gar nicht gefällt, können Sie sie leicht anpassen. Sie können den Symbolleisten Buttons für Funktionen hinzufügen, die Sie mit einem Klick aufrufen wollen. Sie können aber auch das Aussehen der Oberfläche vollkommen verändern. Installieren Sie einfach ein Theme, das Ihnen besser gefällt als das Firefox-Standard-Theme.

Firefox ist auch dahin gehend anpassbar, wie er mit Webinhalten umgeht. Er bietet eine exzellente Unterstützung aller Webstandards – in dieser Hinsicht lässt er keine Wünsche offen. Aber wenn es um bestimmte Webinhalte wie Flash-Animationen geht, müssen Sie selbst Hand anlegen und die erforderlichen Plugins installieren, damit Sie diese Inhalte in Firefox betrachten können.

AUF NUMMER SICHER

ActiveX

Eine Sache beherrscht Firefox allerdings nicht: Er kennt kein ActiveX. Wenn Webseiten diese Technologie einsetzen und keine Alternativen bieten, bleiben Ihnen diese Seiten mit Firefox verschlossen.

ActiveX ist eine Microsoft-Technologie und funktioniert eh nur auf den verschiedenen Windows-Plattformen. Deswegen hat es in einem Browser, der auf den unterschiedlichsten Plattformen laufen soll, eigentlich nichts zu suchen. Natürlich wäre es möglich gewesen, die Windows-Version ActiveX-tauglich zu machen. Aber diese Verweigerung gegenüber ActiveX ist eine bewusste Entscheidung der Firefox-Entwickler.

Die ActiveX-Technologie ist einer der wichtigsten Auslöser für die immer wieder auftretenden Sicherheitslücken des Internet Explorer. Indem Firefox die Technologie ignoriert, umgeht er auch die Schlangengrube, die darunter lauert.

Einige Dinge, die im Internet Explorer über ActiveX implementiert werden, regelt Firefox auf andere Weise – über Plugins. So verwendet der Internet Explorer beispielsweise ActiveX, um PDF-Dateien im Browser anzuzeigen. Dass Firefox keine ActiveX-Unterstützung bietet, heißt nicht, dass es nicht möglich ist, PDF-Dateien innerhalb von Firefox anzuzeigen. Sie benötigen dazu einfach ein entsprechendes Plugin. Und wenn Sie den Acrobat Reader installiert haben, haben Sie wahrscheinlich auch schon dieses Plugin installiert. Wenn nicht, dann werfen Sie einen Blick in Kapitel 8, *Was Websites dürfen*.

Und wenn Sie es unbedingt wollen, können Sie auch Ihren Firefox ActiveX-tauglich machen. Dazu müssen Sie ebenfalls einfach nur das entsprechende Plugin installieren. Informationen dazu finden Sie unter *http://www.iol.ie/~locka/mozilla/mozilla.htm*. Aus Sicherheitsgründen ist davon aber abzuraten. Verwenden Sie lieber die Erweiterung IEView, um für eine Seite wie »Microsoft Windows Update« den Internet Explorer aus Firefox heraus zu starten.

Sie können bei Firefox auch angeben, dass Sie bestimmte Inhalte grundsätzlich mit einem einzigen Klick in einer auf Ihrem System installierten Anwendung öffnen wollen.

Firefox ist erweiterbar

Jeder stellt andere Anforderungen an seinen Browser. Deshalb ist es fast unmöglich, mit den Standard-Features eines

Browsers alle Benutzer gleichermaßen zufrieden zu stellen. Firefox besitzt deswegen einen Erweiterungsmechanismus, über den ihn jeder mit wenigen Mausklicks mit den verschiedensten Funktionalitäten ausstatten und so ganz gezielt den eigenen Wünschen anpassen kann.

- Sie möchten Ihren Browser vollständig mit der Maus steuern können?
- Sie möchten Ihren Lieblings-Download-Manager in Ihren Browser integrieren?
- Sie möchten Ihren Media-Player aus Ihrem Browser heraus steuern?
- Sie möchten im Browser Notizen schreiben und verwalten können?
- Ihr Browser soll Ihnen das Wetter vor Ort anzeigen?

Mit Firefox ist all das kein Problem. Sie müssen einfach nur die entsprechenden Erweiterungen installieren.

Firefox ist sicher

Firefox ist so sicher, wie ein Browser sein kann. Im Internet lauern Gefahren, aber Firefox tut sein Bestes, um Sie unbeschadet durch diese zu geleiten. Wenn er Ihnen auch keine vollständige Sicherheit geben kann, so doch zumindest eine größere. Mit Firefox müssen Sie sich weniger Sorgen machen, sich eine der gerade grassierenden Internetseuchen einzufangen.

Firefox ist zum einen deshalb sicherer als der Internet Explorer, weil er noch nicht so weit verbreitet und deswegen kein so interessantes Ziel wie der IE ist. Aber Firefox ist auch grundsätzlich sicherer. Er ist nicht so tief in das Betriebssystem integriert und verzichtet auf riskante Technologien. Sicherer ist er auch, weil er nur wenige einfache und verständliche Konfigurationsmöglichkeiten bietet und weil man beim Versuch, noch etwas mehr aus seinem Browser herauszukitzeln, nicht so leicht das Gegenteil von dem bewirkt, was man eigentlich erreichen wollte.

Firefox ist Open Source

Firefox ist ein Open Source-Projekt. Seine Entwicklung wird nicht von einem einzelnen Unternehmen und seinen Interessen und Profitabsichten gesteuert – auch wenn die Entwicklung von Firefox von vielen Unternehmen gefördert wird –, sondern von einer weltweiten Entwicklergemeinschaft unter dem Dach der Mozilla Foundation und ihrer internationalen Ableger wie Mozilla Europe. Das einzige Interesse dieser Entwickler besteht darin, Firefox so gut wie möglich zu machen.

Die Anwender von Firefox genießen deswegen alle Vorzüge, die Open Source-Projekte bieten. Sie können zwar niemanden dafür verantwortlich machen, wenn Sie ein Problem mit Firefox haben, aber wenn Sie im Internet nach einer Lösung für dieses Problem suchen, finden Sie viele Webseiten, Internet-Foren und andere Ressourcen, in denen Leute ihren Teil zum Gelingen des Firefox-Projekts beitragen, indem sie ihre Erfahrungen mit Firefox veröffentlichen, Fragen beantworten und Probleme anderer Anwender lösen.

Jeder kann den Quellcode einsehen und ihn auf Fehler abklopfen. Jeder kann den Entwicklern seine Probleme melden – Probleme, Programmfehler, selbst Sicherheitslöcher kann es natürlich auch bei Firefox geben. Aber ob, wie und wann diese behoben werden, ist nicht von den strategischen Entscheidungen eines Unternehmens abhängig, sondern allein vom Willen der Entwickler, ein gutes Produkt zu schaffen. Die Erfahrung mit Open Source-Projekten aller Art hat gezeigt, dass diese freien Strukturen kaum zu schlagen sind, wenn es um die Bewältigung akuter Probleme geht.

Diese Entwicklergemeinschaft stellt Ihnen Firefox unter der Mozilla Public Licence zur Verfügung. Sie können Firefox frei herunterladen und verwenden. Und Sie können Firefox auch verändern – vorausgesetzt, Sie verfügen über die notwendigen Kenntnisse und stellen Ihre Ergebnisse der Gemeinschaft unter den gleichen Bedingungen wieder zur Verfügung.

Auch Sie selbst können Ihren Beitrag zum Gelingen des Firefox-Projekts leisten. Stellen Sie Fragen, schlagen Sie Verbesserungen vor, wünschen Sie sich Funktionen oder arbeiten Sie aktiv an der Weiterentwicklung mit. Vielleicht bietet schon das nächste Firefox-Release ein Feature, das auf eine Ihrer Anregungen zurückgeht.

Kapitel

2 Tabs

Tabs sind eine der Schlüsselfunktionen von Firefox, die die Arbeit mit Firefox so angenehm machen. Tabs ermöglichen Ihnen, mehrere Webseiten in einem Browserfenster zu öffnen, und sind damit das ultimative Heilmittel gegen unzählige offene Browserfenster. Die Tabs von Firefox bieten darüber hinaus noch ein paar Funktionen, die die Verwaltung mehrerer Webseiten ungemein erleichtern.

Hinweis: Als Tabs werden im Englischen Registerreiter bezeichnet. Da der Begriff kurz und prägnant ist, wird er auch in der deutschsprachigen »Firefox-Literatur« verwendet. Dem haben wir uns in diesem Buch angeschlossen.

Mehrere Webseiten in einem Browserfenster

Wenn man eine Weile im Internet unterwegs war, einige Seiten geöffnet und auf einige Links geklickt hat, sind in der Regel schnell ein paar Browserfenster offen. Browser machen das standardmäßig, wenn der Anwender oder die jeweilige Webseite das verlangt. Wenn der Browser den ganzen Bildschirm einnimmt, merkt man das oft nur daran, dass unten in der Taskleiste immer mehr Browser-Buttons erscheinen oder auf dem einen Browser-Button die Zahl hinter dem Browser-Symbol immer größer wird.

Das ist unübersichtlich und verschwendet Ressourcen. Tabs ermöglichen es, mehrere Webseiten in einem Browserfenster zu halten. Statt über die Taskleiste des Betriebssystems kann man dann zwischen ihnen wechseln, indem man auf die Tab-Reiter in der Tab-Leiste klickt. Wenn man die jeweilige Anwendung bittet, den angezeigten Inhalt zu wechseln, geht das in der Regel schneller, als wenn man dazu den Umweg über das Betriebssystem nehmen muss.

Tabs lassen sich auch gezielt einsetzen, um z.B. die Links auf einer Seite im Hintergrund in einem neuen Tab in demselben Browserfenster zu öffnen. Damit kann man vermeiden, die Seite zu verlassen, auf der man sich gerade befindet. Das ist beispielsweise praktisch, wenn man Suchergebnisse erst auf relevante Resultate durchforsten will, bevor man sich die einzelnen Seiten im Detail ansieht. Würde man jeweils ein neues Fenster für eine Ergebnisseite öffnen, müsste man jedes Mal von der neuen Seite zur Suchseite zurückwechseln, um mit der Sichtung der Suchergebnisse fortzufahren.

Webseiten in Tabs öffnen

Firefox bietet Ihnen verschiedene Möglichkeiten, um eine Webseite in Tabs zu öffnen:

- Wählen Sie *Datei → Neuer Tab* oder drücken Sie *Strg-t*, wenn Sie die Adresse für die Seite, die Sie im neuen Tab betrachten wollen, manuell eingeben wollen.
- Klicken Sie mit der rechten Maustaste in die Tab-Leiste und wählen Sie im Kontextmenü *Neuer Tab*. Das ist natürlich nur möglich, wenn Sie bereits mehr als einen Tab geladen haben und die Tab-Leiste geöffnet ist.
- Klicken Sie mit der mittleren Maustaste auf einen Link auf einer anderen Webseite, um die Seite, auf die der Link verweist, in einem neuen Tab im aktuellen Browserfenster zu öffnen. (Falls Ihr System keine mittlere

Maustaste besitzt, halten Sie die Strg-Taste gedrückt, wenn Sie mit der linken Maustaste auf einen Link klicken.)

- Klicken Sie mit der rechten Maustaste auf einen Link, um das Kontextmenü aufzurufen, und wählen Sie dort *Link in neuem Tab öffnen.*
- Ziehen Sie einen Link von einer Webseite auf die Tab-Leiste. Das ist natürlich nur möglich, wenn die Tab-Leiste geöffnet ist.

Das kann dann beispielsweise aussehen wie in Abbildung 2-1. Für die Links, auf die ich geklickt habe, wurden im Hintergrund neue Tabs geöffnet. Hätte ich die Links nicht in Tabs geöffnet, wäre in diesem Fall nur noch die Seite geöffnet, die ich als Letztes aufgerufen habe. Außerdem hätte ich

Abbildung 2-1:
Ein paar Links auf der Firefox-Startseite in Tabs geöffnet.

zwischendurch immer wieder über den Zurück-Button zu meiner Ausgangsseite zurückkehren müssen.

Zwischen Tabs hin- und herwechseln

Nachdem die Seiten in Tabs geöffnet wurden, ist es so viel einfacher, zu ihnen zu wechseln, als über die Vor- und Zurück-Buttons eines Browserfensters oder über die Taskleiste des Betriebssystems. Sie können dazu die Tab-Leiste nutzen, die Firefox unterhalb der Symbolleiste einblendet, sobald Sie mehr als einen Tab geöffnet haben.

Den aktiven Tab erkennen Sie daran, dass sein Reiter farblich hervorgehoben und der Titel der Webseite darin fett dargestellt wird. Klicken Sie einfach auf den Reiter eines anderen Tabs, um die darin geladene Webseite in den Vordergrund zu holen.

Sie können alle offenen Tabs auch mit *Strg-Tab* vorwärts oder mit *Strg-Shift-Tab* rückwärts der Reihe nach durchlaufen. Mit der Strg-Taste plus einer Nummer können Sie direkt zu einem bestimmten Tab springen. *Strg-3* führt Sie beispielsweise zum dritten Tab von links (vorausgesetzt, Sie haben so viele Tabs geöffnet).

Tabs schließen

Wie Sie es nicht anders erwarten würden, haben Sie bei Firefox natürlich auch die unterschiedlichsten Möglichkeiten, um Tabs zu schließen.

- Wählen Sie *Datei → Tab schließen* oder drücken Sie *Strg-w* (oder *Strg-F4*), um den aktuellen Tab zu schließen.
- Klicken Sie auf den roten Button rechts in der Tab-Leiste, um den aktuellen Tab zu schließen.
- Klicken Sie mit der mittleren Maustaste auf den Reiter eines Tabs. (Unter Linux funktioniert das nicht. Statt-

dessen wird bei einem Mittel-Klick auf den Tab-Reiter die Adresse der entsprechenden Webseite in die Zwischenablage kopiert. Beachten Sie auch, dass es nicht möglich ist, den Mittel-Klick mit Strg-Links-Klick zu emulieren, um einen Tab zu schließen.)

- Klicken Sie mit der rechten Maustaste auf den zu schließenden Tab, und wählen Sie im Kontextmenü die Option *Tab schließen*, um einen beliebigen Tab zu schließen.

Tipp: Wenn Sie in der Tab-Leiste eine Stelle anklicken, an der sich kein Tab-Reiter befindet, wird über die Kontextmenü-Option ebenfalls der aktuelle Tab geschlossen.

- Außerdem können Sie im Kontextmenü der Tab-Leiste auch die Option *Andere Tabs schließen* auswählen, um alle Tabs außer dem aktuellen Tab bzw. dem Tab zu schließen, in dessen Reiter Sie mit der rechten Maustaste geklickt haben.

Tabs konfigurieren

Firefox bietet Ihnen einige Möglichkeiten, um festzulegen, wie Tabs eingesetzt werden. Wenn Ihnen die Standardeinstellungen nicht genügen, finden Sie unter *Extras → Einstellungen → Erweitert* verschiedene Optionen, um diese anzupassen. Die Tab-Einstellungen finden Sie im Abschnitt »Tabbed Browsing« (siehe Abbildung 2-2).

- **Links aus anderen Anwendungen öffnen:** In diesem Abschnitt geben Sie an, was Firefox machen soll, wenn Sie in einer anderen Anwendung, z.B. Ihrem Textverarbeitungsprogramm, auf einen Link klicken. Die Webseite, auf die der Link verweist, kann entweder in einem neuen Fenster, in einem neuen Tab im aktiven Fenster oder im zuletzt aktiven Tab/Fenster geladen werden. Die

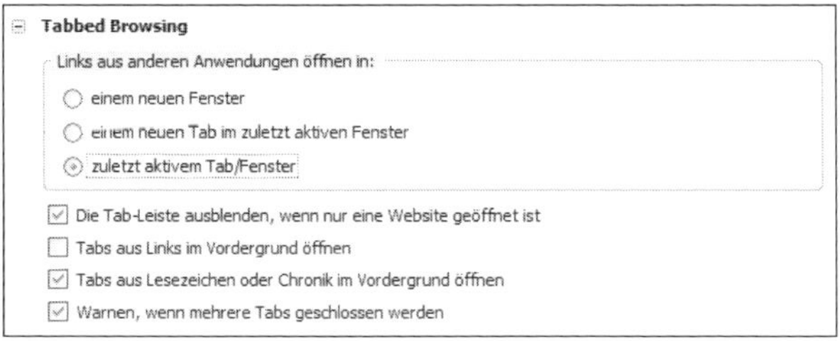

Abbildung 2-2:
Die Konfigurationsmöglichkeiten für Tabs.

letzte Option ist die Standardeinstellung. Sie hat den Nachteil, dass der Klick auf den Link Sie aus der Seite schmeißt, auf der Sie sich gerade befunden haben.

- **Die Tab-Leiste ausblenden, wenn nur eine Webseite geöffnet ist:** Diese Option ist standardmäßig aktiviert. Die Tab-Leiste wird nur dann eingeblendet, wenn in einem Browserfenster mehrere Tabs geöffnet sind. Wenn Sie diese Option deaktivieren, opfern Sie unnötig Bildschirmplatz, haben aber den Vorteil, dass Sie direkt Tab-Funktionen wie das Ziehen von Links auf die Tab-Leiste nutzen können.
- **Tabs aus Links im Vordergrund öffnen:** Diese Option ist standardmäßig nicht aktiviert. Wenn Sie über einen Link eine Webseite in einem neuen Tab öffnen, bleibt deswegen standardmäßig der Tab aktiv, in dem Sie auf den Link geklickt haben. Das ist praktisch, wenn Sie z.B. Suchergebnisse erst durchforsten und die relevant scheinenden Seiten im Hintergrund öffnen wollen, um die entsprechenden Inhalte selbst erst später durchzusehen. Es ist weniger geeignet, wenn Sie Links in Tabs öffnen, die Sie direkt betrachten wollen, weil Sie dann erst zum neuen Tab wechseln müssen.

- **Tabs aus Lesezeichen oder Chronik im Vordergrund öffnen:** Diese Option ist standardmäßig aktiviert. Wenn Sie ein Lesezeichen oder eine Seite aus der Chronik in Tabs öffnen, wird der neue Tab zum aktiven Tab gemacht.
- **Warnen, wenn mehrere Tabs geschlossen werden:** Diese Option ist standardmäßig aktiviert. Wenn Sie versuchen, ein Browserfenster zu schließen, in dem noch mehrere Tabs geöffnet sind, oder den Browser zu beenden, wenn es noch Browserfenster mit mehreren Tabs gibt, weist Firefox mit dem Dialog in Abbildung 2-3 darauf hin, dass noch mehrere Tabs geöffnet sind. Diese Warnung können Sie abschalten, indem Sie die Option hier oder im entsprechenden Dialogfenster deaktivieren.

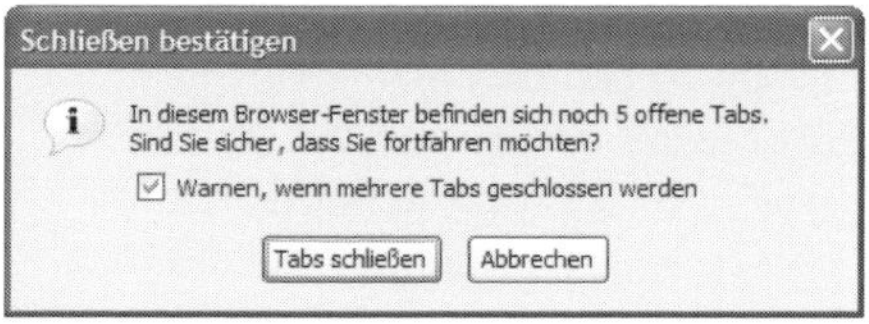

Abbildung 2-3: Firefox warnt beim Schließen, wenn noch mehrere Tabs offen sind.

Erweiterte Tab-Funktionen

Tabs sind nicht nur praktisch, um den Überblick über die Webseiten zu behalten, die Sie auf Ihrem Rechner geöffnet haben. Sie sind so gut in Firefox integriert, dass sie anderen Browserfunktionen zu ganz neuen Aspekten verhelfen. So können Sie beispielsweise mit einem einzigen Klick

- Lesezeichen für alle geöffneten Tabs anlegen
- alle Lesezeichen in einem Ordner in Tabs öffnen
- alle in Tabs geöffneten Webseiten als Startseiten festlegen

(Mehr zu diesen Möglichkeiten erfahren Sie in Kapitel 7, *Lesezeichen*, und Kapitel 9, *Firefox anpassen*.)

Wenn Ihnen all das nicht ausreicht, sollten Sie einen Blick auf die verschiedenen Firefox-Erweiterungen werfen, die sich mit Tabs befassen. Zwei davon werden in Kapitel 10, *Firefox erweitern*, kurz vorgestellt.

Kapitel

3 Suchen

Nicht immer finden Sie im Web oder auf einzelnen Webseiten direkt die Informationen, nach denen Sie suchen. Unübersichtliche oder ellenlange Webseiten, auf denen die wichtigen Informationen von all den anderen Informationen geradezu verborgen werden, sind dabei ebenso ein Problem wie allgemeine Suchmaschinen, die tausende von unbrauchbaren Ergebnissen liefern. Firefox bietet praktische und einfach zu handhabende Lösungen für beides.

In Webseiten suchen

Eine Suchfunktion bieten wohl alle Browser, aber die Suchfunktion von Firefox ist deutlich angenehmer. Sie rufen sie wie üblich über *Bearbeiten → Seite durchsuchen* oder *Strg-f* auf. Wie Sie in Abbildung 3-1 sehen, wird statt des üblichen Suchfensters dann am unteren Rand eine Suchleiste eingeblendet

Wenn Sie beginnen, in der Suchleiste einen Suchbegriff einzugeben, springt Firefox sofort zum ersten Wort, das mit der entsprechenden Zeichenfolge beginnt. Der Treffer wird dann markiert, indem er farbig (grün) hinterlegt wird.

Abbildung 3-1:
Firefox' Suchleiste am unteren Rand des Browserfensters.

Normalerweise beginnt Firefox am Seitenanfang mit der Suche. Aber wenn Sie vorher einen Bereich der Seite markiert haben, wird hinter dieser Stelle begonnen.

Tipp: Sie können Firefox auch so konfigurieren, dass er die Suchleiste öffnet, sobald Sie eine beliebige Taste drücken. Gehen Sie dazu zu *Extras →Einstellungen →Erweitert* und aktivieren Sie »Die Funktion 'Beim Eintippen suchen' verwenden«. Dann wird die Suchleiste geöffnet, sobald Sie beim Betrachten einer Seite beginnen, einen Suchbegriff zu tippen.

Der Nachteil der Funktion ist, dass die Suchleiste auch dann eingeblendet wird, wenn Sie aus Versehen eine Taste drücken. Haben Sie noch keine Einfügemarke in die Seite gesetzt, dann wird die Seite zum ersten Treffer zurückgescrollt. Beim Betrachten einer längeren Seite kann das recht lästig sein.

Wenn Sie einen Begriff eingeben, für den es keinen Treffer gibt, wird das Textfeld mit dem Suchbegriff rot hinterlegt. Außerdem ertönt ein Warnsignal.

Suchergebnisse durchlaufen

Mit den Buttons *Abwärts suchen* und *Aufwärts suchen* oder den Tastenkombinationen *Strg-g* und *Strg-Shift-g* können Sie alle Treffer nacheinander durchlaufen.

Wenn Sie dabei ans Ende oder den Anfang des Dokuments gelangen, werden Sie dezent in der Suchleiste darauf hingewiesen. Die Suche wird dann am Seitenanfang bzw. Seitenende fortgesetzt und Sie müssen nicht erst ein lästiges Meldungsfenster wegklicken.

Alle Treffer anzeigen

Möchten Sie gern alle Treffer auf einmal angezeigt bekommen, können Sie auf der Suchleiste den Button *Hervorheben* aktivieren. Alle Treffer werden dann gelb hinterlegt. Nur der aktuelle Treffer bleibt grün.

Groß-/Kleinschreibung berücksichtigen

Mit einem Häkchen bei *Groß-/Kleinschreibung beachten* geben Sie an, dass nur Wörter gefunden werden, deren Groß-/Kleinschreibung der des eingegebenen Suchbegriffs entspricht.

Websuche

Die Bewegung ist einem in Fleisch und Blut übergegangen: Wenn man im Web etwas sucht, geht man zu Google. Man gibt schnell die handliche Adresse ein oder klickt auf das entsprechende Lesezeichen. Nachdem ich verinnerlicht hatte, dass die Firefox-Startseite auch eine Google-Seite ist, habe ich mir einfach mit einem schnellen *Strg-n* geholfen, um sie in einem neuen Browserfenster zu öffnen. Dass mir Firefox noch viel mehr bietet, habe ich erst nach einer Weile herausgefunden.

Die integrierte Websuche von Firefox ist etwas, das Sie bei keinem anderen Browser finden. Dazu dient das Textfeld rechts neben der Adressleiste, in dem Sie standardmäßig das Google-Symbol sehen. Über dieses Feld können Sie auf einfache Weise das Web durchsuchen:

1. Klicken Sie in das Feld für die Websuche oder springen Sie mit *Strg-k* dorthin.
2. Geben Sie Ihren Suchbegriff ein und drücken Sie *Return*.
3. Suchen Sie sich auf der Ergebnisseite die passenden Ergebnisse.

Abbildung 3-2:

Firefox' integrierte Websuche rechts oben im Browserfenster.

Tipp: Wenn Sie es vorziehen, dass Firefox für die Suchergebnisse einen neuen Tab öffnet, sollten Sie sich die Erweiterung »Tabbrowser Preferences« installieren. Mehr zu Erweiterungen und »Tabbrowser Preferences« erfahren Sie in Kapitel 10, *Firefox erweitern*.

Wenn Sie nach einem Begriff suchen wollen, den Sie auf einer Webseite gefunden haben, müssen Sie sich dazu nicht einmal in das Feld für die Websuche begeben:

1. Markieren Sie auf der Webseite den gewünschten Begriff.
2. Rufen Sie das Kontextmenü auf, indem Sie mit der rechten Maustaste in die Seite klicken.
3. Wählen Sie im Kontextmenü *Web-Suche nach*.

Tipp: Wenn Sie nach einem Begriff suchen wollen, den Sie in einer anderen Anwendung vor sich haben, können Sie diesen einfach kopieren und mit *Strg-v* oder der *Einfügen*-Option des Kontextmenüs der Websuche in das Suchfeld einfügen.

Die Chronik der Websuche

Standardmäßig werden die Eingaben, die Sie in der Websuche gemacht haben, gespeichert. Wenn Sie sich in der Websuche befinden und Pfeil-nach-unten drücken, werden Ihnen alle Eingaben angezeigt, die dort bisher gemacht wurden. Wenn Sie beginnen, einen Suchbegriff einzugeben, werden Ihnen die alten Eingaben angezeigt, die mit der gleichen Zeichenfolge beginnen. Mit den Pfeil-Tasten können Sie einfach einen passenden Begriff auswählen.

Sie können diese Such-Chronik löschen. Klicken Sie einfach mit der rechten Maustaste auf die Websuche und wählen Sie im Kontextmenü *Such-Chronik löschen*.

Hinweis: Ob die Eingaben in der Websuche gespeichert werden, ist von den Einstellungen für gespeicherte Formulardaten abhängig. Wenn Sie unter *Extras → Einstellungen → Datenschutz → Gespeicherte Formulardaten* die Speicherung von Formulardaten deaktivieren, werden auch für die Websuche keine Eingaben mehr gespeichert. Mehr zu gespeicherten Formulardaten erfahren Sie in Kapitel 6, *Schneller im Web*.

Andere Suchmaschine auswählen

Auch in andere Browser kann man mit Erweiterungen wie beispielsweise der Google Toolbar direkte Schnittstellen zu Suchmaschinen integrieren. Aber solche Erweiterungen liefern immer nur Zugriff auf eine bestimmte Suchmaschine. (Opera beispielsweise bringt deswegen gleich drei verschiedene Such-Erweiterungen mit.)

Die Websuche von Firefox ist nicht an Google gebunden. Über sie können Sie auf hunderte weitere Suchmaschinen und ähnliche Webdienste zugreifen. So können Sie mit spezifischen Suchmaschinen bessere Treffer zu bestimmten Themengebieten erzielen.

Klicken Sie auf das Symbol links in der Websuche. Hier stehen Ihnen bereits mehrere Suchmöglichkeiten zur Verfügung (Abbildung 3-3). Wählen Sie eine aus, die dem, was Sie

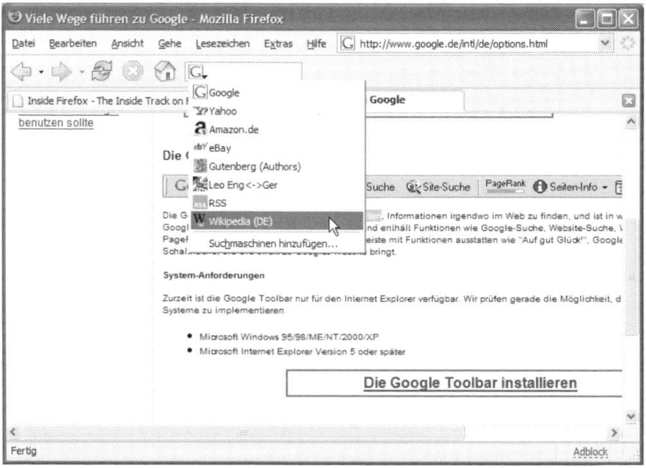

Abbildung 3-3:
Mit Firefox' Websuche können Sie auf unterschiedliche Suchmaschinen zugreifen.

suchen, eher entgegenkommt. Mit dem Begriff, nach dem ich oben gesucht habe, wäre ich wahrscheinlich besser gleich zu Wikipedia gegangen.

Wenn Sie eine der anderen Suchmaschinen auswählen, erscheint das entsprechende Symbol in der Websuche. Alle Suchanfragen, die Sie dort eingeben, werden dann an diese Suchmaschine geschickt. Wenn Sie die Suchmaschine einmal geändert haben, wird in Zukunft standardmäßig immer die von Ihnen ausgewählte Suchmaschine verwendet.

Weitere Suchmaschinen installieren

Im Web steht Ihnen eine Vielzahl unterschiedlichster Such-Plugins für Firefox zur Verfügung. Wenn Sie nach weiteren Plugins suchen, klicken Sie in der Auswahl, die Sie beim Klick auf das Symbol in der Websuche sehen, einfach auf *Suchmaschinen hinzufügen*.

Hinweis: Leider sind nicht alle Teile der Firefox-Webressourcen auf Deutsch verfügbar. Das gilt auch für die Seiten, auf denen Sie neue Such-Plugins finden. Deswegen führt Sie der Klick auf *Suchmaschinen hinzufügen* auch bei einer deutschen Firefox-Version auf eine englische Seite.

Sie werden dann zur Webseite *http://www.mozilla.org/products/firefox/central.html#central-engines* weitergeleitet. Dort finden Sie unmittelbar einige der beliebtesten Suchmaschinen und den Link »Find lots of other search engines«.

Wenn Sie öfter mal Hilfe bei der Übersetzung englischer Texte benötigen, ist beispielsweise LEO sehr zu empfehlen. Damit können Sie auf LEO, einem Dienst der TU München, nach deutschen Übersetzungen englischer Wörter suchen. Machen Sie Folgendes, um das Leo-Such-Plugin zu installieren:

1. Gehen Sie zu *http://www.mozilla.org/products/firefox/central.html#central-engines*.
2. Klicken Sie einfach auf den Link.

3. Bestätigen Sie im Dialog *Suchmaschine hinzufügen*, den Sie in Abbildung 3-4 sehen, mit einem Klick auf *OK*, dass Sie diese Suchmaschine hinzufügen möchten.

Abbildung 3-4:
Ein neues Such-Plugin installieren.

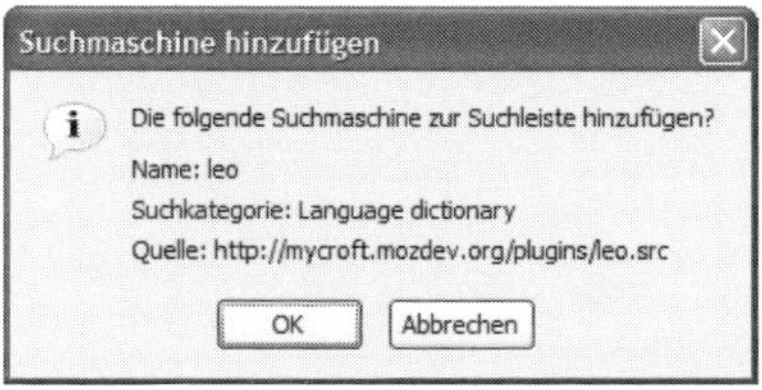

Schon wird das Leo-Plugin installiert und steht Ihnen beim nächsten Klick auf das Symbol in der Websuche zur Verfügung.

Der Link »Find lots of other search engines« führt Sie zu *http://mycroft.mozdev.org*, der zentralen Sammelstelle für Such-Plugins. Dort finden Sie ein großes, nach Kategorien unterteiltes Archiv. Hier können Sie herumstöbern und haben die Auswahl unter vielen interessanten Suchmaschinen, die hier natürlich nicht alle vorgestellt werden können.

Suchen mit der Adressleiste

Firefox bietet Ihnen noch ein weiteres Feature, das das Suchen erleichtern kann. In die Adressleiste von Firefox ist eine Google-»I'm feeling happy«-Suche integriert.

Wenn Sie in die Adressleiste einen beliebigen Begriff eingeben, der nicht zu einer Webadresse aufgelöst werden kann, startet Firefox eine Google-Suche mit diesem Begriff. Das »I'm feeling happy« bedeutet dabei, dass Sie mit dem zufrieden sind, was Google Ihnen liefert. Google liefert Ihnen bei Suchen dieser Art nicht die üblichen Suchergebnisse zurück, sondern leitet Sie direkt zu der Seite weiter, die die Google-Engine als den besten Treffer betrachtet.

Das hört sich nach einer sehr zufälligen oder willkürlichen Angelegenheit an. Trotzdem sind die Treffer, die Sie darüber erhalten, brauchbar. »Buch« führt Sie zu *buch.de*, »Bibel« zu Bibel-Online, »Bundesliga« zu *bundesliga.de*, »Bundesfinanzminister« zur Seite des Finanzministeriums, »Bundeskanzler« immerhin zum Wikipedia-Artikel zum deutschen Bundeskanzler und »firefox« zur (allerdings englischen) Firefox-Seite auf *mozilla.org*.

Hinweis: Mit Hilfe von Lesezeichen-Schlüsselwörtern können noch weitere Suchfunktionalitäten in die Adressleiste integriert werden. Das wird im entsprechenden Abschnitt in Kapitel 7, *Lesezeichen*, behandelt.

Speichern und Downloads

Webseiten speichern

Auch im Zeitalter von DSL und Flatrates ist man nicht immer online. Das Internet ist ein riesiger Informationsbasar und Webseiten ändern sich schneller, als man denken kann. Das sind beides Gründe, die dafür sprechen, Webseiten permanent zu sichern, indem man sie auf der Festplatte speichert. Natürlich ist auch das mit Firefox möglich.

Wählen Sie *Datei → Speichern* oder drücken Sie *Strg-s*, um eine Webseite als Datei auf der lokalen Festplatte zu speichern. Firefox präsentiert Ihnen dann den Dialog *Speichern unter*, in dem Sie den Ort aussuchen können, an dem die Webseite gespeichert werden soll.

Im Drop-down-Menü »Dateityp« können Sie auswählen, wie und in welcher Form Firefox die Webseite speichert:

- **Webseite, komplett:** Es wird die vollständige Webseite einschließlich aller Grafiken und anderer externer Objekte gespeichert. Diese werden dabei in einem separaten Ordner abgelegt. Das kann dazu führen, dass die Link-Struktur der ursprünglichen Webseite nicht vollständig erhalten bleibt.

- **Webseite, nur HTML:** Der Quelltext der Seite wird unverändert gespeichert. Die Link-Struktur bleibt erhalten, aber es werden keine externen Komponenten wie Grafiken usw. gespeichert.
- **Textdateien:** Es wird nur der Textinhalt der Webseite gespeichert. Das HTML-Markup wird entfernt. Das ist praktisch, wenn Sie den Inhalt der Datei später in anderen Textdokumenten weiterverwenden wollen. Wenn Sie das tun, sollten Sie daran denken, die Dateinamenerweiterung in *.txt* zu ändern.

Hinweis: Wenn Sie den Speichern-Dialog aufrufen, ist hier standardmäßig immer die Option aktiviert, die Sie beim letzten Speichern verwendet haben. Sie sollten also einen Blick darauf werfen, wenn Sie einmal eine Seite in einem anderen Format gespeichert haben als dem, das Sie üblicherweise verwenden.

Mit Inhalten von Webseiten arbeiten

Manchmal benötigen Sie nur Teile von Webseiten. Firefox ermöglicht Ihnen, diese Teile zu markieren und in die Zwischenablage zu kopieren. Von dort können Sie sie dann in eine andere Anwendung einfügen, um den Text dort weiterzuverwenden oder auf der Festplatte zu speichern.

Zum Markieren klicken Sie einfach vor dem Teil, den Sie kopieren wollen, in den Seiteninhalt und ziehen den Mauszeiger bei gedrückter Maustaste über den benötigten Text. Der markierte Text wird dann blau hinterlegt.

Anschließend können Sie den markierten Teil der Webseite mit *Bearbeiten → Kopieren*, *Strg-c* oder der *Kopieren*-Option des Kontextmenüs in die Zwischenablage kopieren, um mit ihm weiterzuarbeiten. Leider bietet Ihnen Firefox nicht die Möglichkeit, ihn direkt in einer Datei zu speichern.

Tipp: Das Format, in dem Firefox komplette Webseiten als Text speichert, ist für manche Zwecke noch zu unübersichtlich. Ein für die reine Textarbeit deutlich besseres Ergebnis erhalten Sie, wenn Sie mit *Bearbeiten →Alles markieren* oder *Strg-a* den ganzen Inhalt der Seite markieren, dann kopieren und schließlich in einen Texteditor einfügen, um ihn zu speichern.

Sie können den markierten Bereich allerdings direkt aus Firefox heraus ausdrucken. Gehen Sie zu *Datei → Drucken* und wählen Sie im Kasten »Druckbereich« des Drucken-Dialogs die Option »Markierung«. Mehr zu den Druckfunktionen von Firefox erfahren Sie in Kapitel 5, *Drucken*.

SPRECHSTUNDE FÜR POWER USER

Auswählen mit der Tastatur

Firefox bietet Ihnen auch die Möglichkeit, Teile von Webseiten mit Hilfe der Tastatur auszuwählen. Er besitzt einen speziellen Modus dafür, das so genannte *Caret-Browsing*.

Das Caret-Browsing können Sie nur über die Tastatur, genauer gesagt durch Drücken der F7-Taste, ein- und ausschalten. Auf der Webseite erscheint dann ein Eingabezeiger, den Sie mit den Pfeiltasten und den anderen Navigationstasten durch die Webseite bewegen können. Halten Sie die Shift-Taste gedrückt, um dabei die Inhalte zu markieren.

Die Navigation des Eingabezeigers ist nicht immer ganz einfach. Wenn sich Ihr Eingabezeiger mit Pfeil-nach-oben nicht mehr weiter nach oben bewegen lässt, obwohl Sie noch nicht am oberen Rand der Seite angekommen sind, versuchen Sie mal, mit Pfeil-nach-links über den Zeilenanfang hinaus zurückzugehen. Oft hat das die gewünschte Wirkung.

Wenn Sie eine neue Webseite aufrufen, wird leider nicht automatisch ein Eingabezeiger in die Seite gesetzt. Dazu müssen Sie einmal mit der Maus in die Seite klicken. Alternativ können Sie einmal die Tabulator-Taste drücken, um zum ersten Link in der Seite zu springen, oder zweimal F7, um das Caret-Browsing erst aus- und dann wieder einzuschalten. Beides verschafft Ihnen den gewünschten Eingabezeiger.

Das Caret-Browsing bleibt auch aktiviert, wenn Sie Firefox beenden und später wieder neu starten. Um es zu deaktivieren, müssen Sie explizit F7 drücken.

Spezielle Funktionen für Frames

Firefox bietet Ihnen auch einige spezielle Funktionen zur Arbeit mit Frames. Frames sind Komponenten von Webseiten. Sie bieten Webentwicklern die Möglichkeit, Webseiten aus mehreren eigenständigen Seiten zusammenzusetzen, die z.B. unabhängig von einander geladen werden können.

Die Funktionen für Frames finden Sie über die Option *Aktueller Frame* des Kontextmenüs, das Ihnen – vorausgesetzt eine Webseite verwendet Frames – folgende Möglichkeiten bietet:

- Den gewünschten Frame im aktuellen Fenster, in einem neuen Tab oder neuem Fenster anzeigen.
- Den aktuellen Frame neu laden.
- Ein Lesezeichen für diesen Frame erstellen oder nur diesen Frame speichern.
- Den Frame-Quelltext oder die Frame-Information abrufen.

Hinweis: Auch der Drucken-Dialog bietet Ihnen zusätzliche Optionen, wenn Frames verwendet werden. Mehr dazu erfahren Sie in Kapitel 5, *Drucken*.

Links weiterverwenden

Wozu Sie die Links auf Webseiten verwenden können, wissen Sie bereits. Manchmal wollen Sie die Seite, auf die ein Link zeigt, aber gar nicht anzeigen. Stattdessen benötigen Sie die Daten, die sich hinter diesem Link verbergen, oder die Adresse, auf die der Link verweist.

Wenn Sie mit der rechten Maustaste auf einen Link klicken, bietet Ihnen das Kontextmenü verschiedene Optionen, den Link zu verwenden. Sie können ihn wie gewöhnlich im aktuellen Fenster, in einem neuen Fenster oder einem neuen

Tab öffnen. Sie können vom Öffnen aber auch ganz absehen, um mit dem Link andere Dinge anzustellen:

- **Lesezeichen für diesen Link hinzufügen:** Erstellt ein neues Lesezeichen für den Link. Mehr dazu erfahren Sie in Kapitel 7, *Lesezeichen*.
- **Link-Ziel speichern:** Speichert das Ziel, auf das der Link verweist, auf der lokalen Festplatte. Das gibt Ihnen die Möglichkeit, verlinkte Seiten zu speichern, ohne die Seite verlassen zu müssen, auf der Sie sich gerade befinden. Dabei stehen Ihnen dieselben Optionen zur Verfügung wie beim gewöhnlichen Speichern der aktuellen Webseite.
- **Link senden:** Wenn Sie diese Option wählen, wird wie in Abbildung 4-1 über Ihr Standard-Mail-Programm eine neue E-Mail erzeugt, deren Betreff der Link-Text und deren Inhalt das Link-Ziel ist.

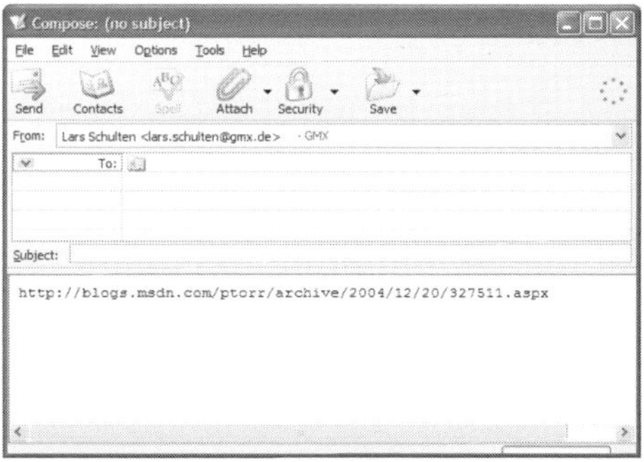

Abbildung 4-1: Firefox generiert mit Hilfe von Mozilla Thunderbird eine E-Mail zum Verschicken des Links. Natürlich können Sie diese E-Mail mit beliebigem weiteren Text erweitern.

- **Link-Adresse kopieren:** Speichert die Adresse des Link-Ziels in der Zwischenablage. Sie können sie dann einfach in die Adressleiste eines Browserfensters oder in einen beliebigen Text einfügen, den Sie gerade mit Ihrem Textverarbeitungsprogramm bearbeiten.

Grafiken weiterverwenden

Klicken Sie mit der rechten Maustaste auf eine Grafik, bietet Ihnen das Kontextmenü ebenfalls eine Reihe spezieller Optionen, die die Weiterverwendung von Webgrafiken erleichtern. Schließlich statten Webdesigner ihre Webseiten nicht nur mit so hübschen Bildern aus, damit Sie sich einmal kurz an ihrem Anblick erfreuen. Bauen Sie sie in Ihre eigenen Seiten und Texte ein, verwenden Sie sie als Hintergrundbilder. Dabei sollten Sie allerdings nicht vergessen, dass Grafiken wie die meisten anderen Webinhalte dem Urheberrecht unterliegen und in der Regel nicht einfach so weiterverwendet werden dürfen.

- **Grafik anzeigen:** Firefox lädt die Grafik im aktuellen Browserfenster. Halten Sie die Shift- bzw. Strg-Taste gedrückt, während Sie diese Option auswählen, um die Grafik in einem neuen Browserfenster bzw. Tab zu öffnen.
- **Grafik kopieren:** Kopiert die Grafik in die Zwischenablage.
- **Grafikadresse kopieren:** Kopiert die Adresse der Grafik in den Zwischenspeicher. Grafiken sind nicht unmittelbar Bestandteil der Webseite, sondern werden über Anker in sie eingebettet und erst vom Browser geladen, wenn er die Webseite darstellt. Genau wie Webseiten müssen sie deswegen Webadressen haben, über die sie auch separat angesprochen werden können.
- **Grafik speichern unter:** Speichert das Grafikobjekt auf der lokalen Festplatte. Im Dialog *Grafik speichern* können Sie den Ort auswählen, an dem die Grafik gespeichert werden soll.
- **Grafik senden:** Anders als der Name andeutet, wird nicht das Grafikobjekt selbst verschickt, sondern nur der entsprechende Link. Wie beim Versenden einer Link-Adresse wird dazu in Ihrem Standard-E-Mail-Programm eine neue E-Mail erzeugt.

- **Als Hintergrundbild verwenden:** Wie oft sind Sie im Web schon über Bilder gestolpert, die Sie gern für eine Weile anstelle der auf Dauer doch recht öden Windows-Landschaft auf Ihrem Desktop gesehen hätten. Mit Firefox ist es ein Kinderspiel, Ihnen diesen Wunsch zu erfüllen.

  Wenn Sie diese Option wählen, öffnet Firefox den Dialog *Hintergrundbild einrichten*, den Sie in Abbildung 4-2 sehen.

Abbildung 4-2:
Im Dialog *Hintergrundbild einrichten* können Sie auswählen, auf welche Weise das Bild für den Hintergrund verwendet werden soll, und die Farbe definieren, die die Umgebung des Bildes haben soll.

Hinweis: Diese Funktion hat leider einen kleinen Haken: Sie müssen Administrator-Rechte haben, um sie nutzen zu können. Aus Sicherheitsgründen sollte man sich als Administrator aber besser nicht ins Internet aufmachen – nicht einmal mit Firefox. Die meisten Viren und anderen Schädlinge können nur unter Administrator-Rechten installiert werden. Deswegen ist es empfehlenswert, im Alltag mit Benutzer-Rechten zu arbeiten und zu surfen, weil man damit vielen dieser Risiken aus dem Weg geht. Mit Administrator-Rechten sollte man vorübergehend nur arbeiten, wenn man sie wirklich braucht, weil man z.B. Software installieren will.

Andere Inhalte öffnen

Wenn Sie einen Inhalt öffnen wollen, den Firefox nicht anzeigen kann, zeigt er Ihnen den Dialog *Öffnen von ...* an, den Sie in Abbildung 4-3 sehen. Hier können Sie angeben, was mit der Datei gemacht werden soll.

Unter »Öffnen mit« können Sie eine installierte Anwendung auswählen, mit der das Objekt geöffnet werden soll. Firefox greift hier auf Systemressourcen zurück, um für Ihr spezielles System die Anwendung zu ermitteln, mit der der MIME-Typ der Anwendung verknüpft ist. Sie können eine der vorgeschlagenen Anwendungen verwenden oder *Andere* wählen, um selbst auf Ihrem System nach einer geeigneten Anwendung zu suchen.

Abbildung 4-3:
Der Dialog *Öffnen von ...* ist ein systemspezifischer Dialog, mit dem Sie eine Anwendung für einen bestimmten Dateityp auswählen können.

Wenn Sie unten die Option »Für Dateien dieses Typs immer diese Aktion ausführen« wählen, legen Sie damit eine Standardaktion für Objekte dieses Typs fest. Firefox ruft in Zukunft immer diese Anwendung auf, um derartige Objekte zu öffnen, ohne Sie erneut zu fragen, was er mit der Datei machen soll.

Dateitypen verwalten

Jedes Mal, wenn Sie beim Öffnen eines Objekts die Option »Für Dateien dieses Typs immer diese Aktion ausführen« aktivieren, wird der Dateitypen-Liste ein neuer Eintrag hinzugefügt. Diese Liste können Sie über *Extras → Einstellungen → Downloads* einsehen.

An dieser Stelle können Sie die festgelegten Aktionen auch verwalten. Über *Aktion ändern* können Sie eine andere Anwendung auswählen. Mit *Entfernen* können Sie die Standardaktion löschen, wenn Sie künftig jedes Mal gefragt werden wollen, was Firefox mit Dateien eines bestimmten Typs machen soll.

Hinweis: Eine andere Art von Standardaktion für bestimmte Dateitypen wird durch Plugins definiert. Plugins sorgen dafür, dass Inhalte bestimmter Typen direkt mit Firefox geöffnet und angezeigt werden können. Deswegen finden Sie an dieser Stelle auch den Button, mit dem Sie die Plugin-Verwaltung aufrufen können. Plugins werden in Kapitel 8, *Was Websites dürfen* behandelt.

Objekte herunterladen

Wenn Sie ein Objekt nicht öffnen können oder wollen, können Sie im *Öffnen von ...*-Dialog »Auf Diskette/Festplatte speichern« wählen, um es herunterzuladen.

Hinweis: Handelt es sich bei dem Objekt um eine ausführbare Datei, steht die Option »Öffnen mit ...« nicht zur Verfügung. Sie haben also nur die Möglichkeit, es herunterzuladen, auf Ihrem lokalen System zu speichern und dann dort lokal auszuführen.

Je nach Systemeinstellungen präsentiert Firefox Ihnen dann einen Dialog, in dem Sie auswählen können, wo das Objekt gespeichert werden soll, oder er startet den Download sofort und speichert die Datei an einem festgelegten Ort. Auf Windows ist das standardmäßig Ihr Desktop, unter Unix oder Mac OS X Ihr Home-Verzeichnis.

Der Download-Manager

Wenn Firefox einen Download einleitet, öffnet er standardmäßig den Download-Manager, den Sie in Abbildung 4-4 sehen. Statt wie der Internet Explorer viele Datei-Download-Fenster anzuzeigen, bei denen Sie leicht den Überblick verlieren können, bietet Firefox Ihnen alle Informationen über diese praktische und übersichtliche Schnittstelle. Über *Extras → Downloads* oder *Strg-j* können Sie den Download-Manager auch manuell aufrufen.

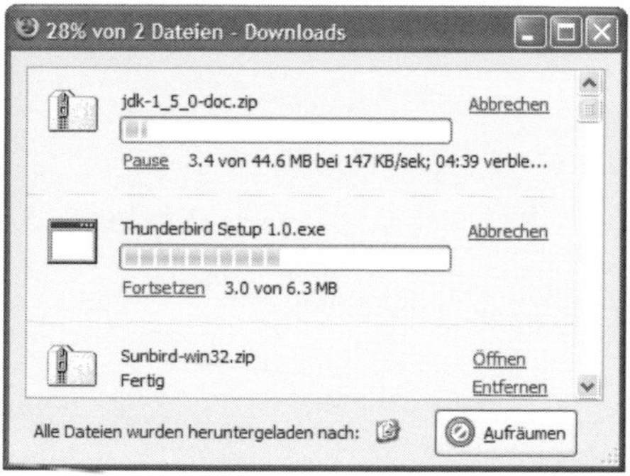

Abbildung 4-4: Firefox' Download-Manager: In der Titelleiste des Download-Managers ist erkennbar, wie viel Prozent aller aktuellen Downloads bereits erfolgt ist.

Mit ihm können Sie nicht nur aktuelle Downloads überwachen und steuern, sondern auch Ihre alten Downloads verwalten. Das ist genau das Werkzeug, das man braucht, wenn man nicht mehr weiß, ob man eine Datei bereits heruntergeladen hat oder wo man sie gespeichert hat.

Aktuelle Downloads steuern

Im Download-Manager zeigt Firefox Ihnen an, wie weit der Download fortgeschritten ist. Sie können sehen, wie viel von der Datei bereits heruntergeladen wurde und wie lange es wahrscheinlich noch dauert.

Mit *Abbrechen* können Sie einzelne Downloads abbrechen, mit Pause können Sie sie unterbrechen. Wenn Sie einen Download unterbrochen haben, um einer anderen Operation mehr Bandbreite zur Verfügung zu stellen, können Sie ihn später mit *Fortsetzen* wieder aufnehmen.

Hinweis: Leider unterstützt Firefox keine Session-übergreifenden Downloads. Das heißt, Sie können Firefox bzw. Ihre Internetverbindung nicht beenden und den Download dann später wieder fortsetzen. Eine Wiederaufnahme ist nur während der Dauer der aktuellen Firefox-Session möglich. Wenn Sie diese und andere erweiterte Download-Funktionalitäten suchen, sollten Sie sich einen eigenständigen Download-Manager zulegen. Mehr dazu erfahren Sie in Kapitel 10, *Firefox erweitern*.

Abgeschlossene Downloads verwalten

Wenn ein Download abgeschlossen ist, können Sie im Download-Manager auf *Öffnen* klicken, um das Objekt mit der verknüpften Standardanwendung zu öffnen. Wenn für Objekte dieses Typs keine Standardanwendung festgelegt ist, präsentiert Windows Ihnen einen Meldungsdialog. Dort können Sie entscheiden, ob Sie einen Webdienst verwenden wollen, um nach einem entsprechenden Programm zu suchen, oder ob Sie selbst über den Windows-Dialog *Öffnen mit ...* ein Programm aus einer Liste der auf Ihrem System verfügbaren Anwendungen auswählen wollen.

Hinweis: Vielleicht wundern Sie sich, dass der Download-Manager viel mehr Downloads anzeigt, als Sie bewusst getätigt haben. Das liegt daran, dass hier auch Einträge für Dateien und Webseiten zu sehen sind, die Sie über *Speichern unter* oder *Linkziel speichern unter* gespeichert haben.

Wenn Sie die heruntergeladene Datei nicht direkt öffnen wollen, sondern kopieren, in einen anderen Ordner verschieben, löschen oder mit einem anderen Programm als der Standardanwendung verarbeiten wollen, rufen Sie einfach das Kontextmenü auf. Klicken Sie mit der rechten

Maustaste auf den entsprechenden Download und wählen Sie *Beinhaltenden Ordner anzeigen*. Dann wird in Ihrem Datei-Manager das Verzeichnis geöffnet, in dem das Objekt gespeichert wurde.

Hinweis: Diese Option sehen Sie nur, wenn die entsprechende Datei nicht in einen festgelegten Standardordner gespeichert wurde.

Download-Eigenschaften

Mit der *Eigenschaften*-Option des Kontextmenüs können Sie sich zusätzliche Informationen zu einem Download anzeigen lassen (Abbildung 4-5).

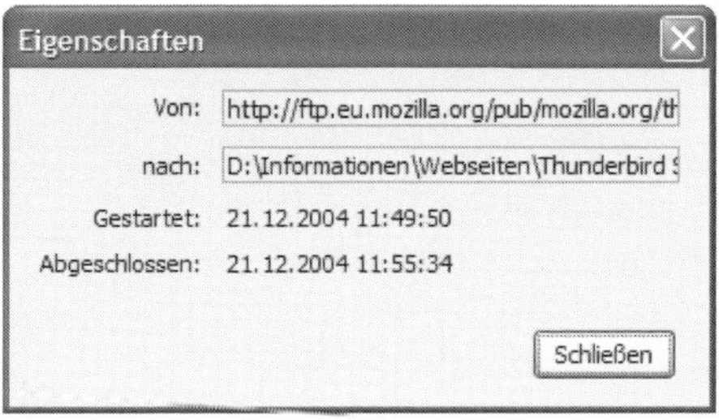

Abbildung 4-5: Über den Eigenschaften-Dialog für Downloads können Sie genau sehen, von welchem Host ein Objekt heruntergeladen wurde und wo es auf Ihrem System gespeichert wurde. Außerdem wird angezeigt, wann Sie den Download gestartet haben und wann er abgeschlossen wurde.

Einträge im Download-Manager löschen

Wählen Sie im Kontextmenü *Entfernen*, um einen bestimmten Download aus der Liste zu entfernen. Damit wird nur der Eintrag im Download-Manager gelöscht, nicht das entsprechende Objekt auf Ihrer Festplatte.

Mit dem *Aufräumen*-Button unten rechts im Download-Manager können Sie die vollständige Liste löschen. In beiden Fällen sollten Sie sich gut überlegen, was Sie tun, da Firefox die entsprechenden Einträge ohne weiteres Nachfragen unwiederbringlich löscht.

Downloads konfigurieren

Eigentlich sind die Firefox-Standardeinstellungen bezüglich Downloads ganz angenehm. Alle Dateien werden in demselben leicht zu lokalisierenden und nicht so leicht zu vergessenden Ordner gespeichert. Der Download-Manager wird geöffnet, wenn ein Download gestartet wird, und bleibt auch offen, nachdem der Download abgeschlossen ist, damit Sie leicht auf das Objekt oder auf Informationen über die heruntergeladene Datei zugreifen können. Wenn Sie dieses Standardverhalten trotzdem ändern wollen, können Sie das über das Optionsfeld *Extras → Einstellungen → Downloads* tun (Abbildung 4-6).

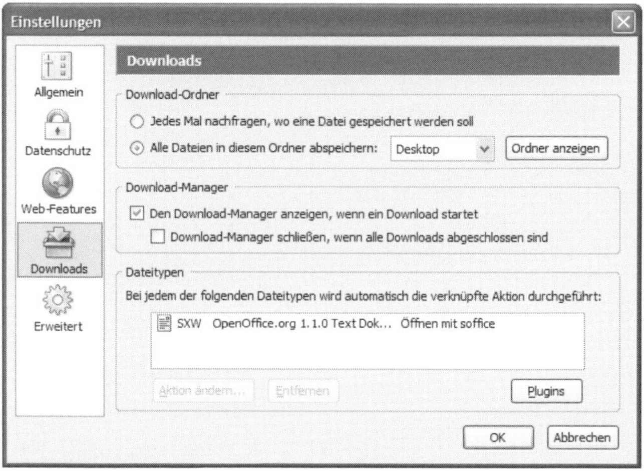

Abbildung 4-6:
Die Konfigurationsmöglichkeiten für Downloads und für den Download-Manager.

Download-Ordner festlegen

Im Kasten »Download-Ordner« können Sie angeben, in welchem Ordner die heruntergeladenen Dateien gespeichert werden sollen. Sie können angeben, dass bei jedem Download gefragt werden soll, welcher Ordner zum Speichern verwendet werden soll. Oder Sie können einen Ordner festlegen, in dem alle Dateien ohne Nachfragen gespeichert werden. Unter Windows gibt Firefox hier Ihren Desktop vor. Sie können aber auch einen beliebigen anderen Ordner wählen, indem Sie im Pull-down-Menü *Andere* wählen und dann den gewünschten Ordner suchen

Download-Manager konfigurieren

Im Kasten »Download-Manager« können Sie festlegen, ob der Download-Manager angezeigt werden soll, wenn ein Download beginnt. Wenn der Download-Manager angezeigt wird, können Sie außerdem angeben, ob er geschlossen werden soll, wenn alle Downloads abgeschlossen sind.

Kapitel 5

Drucken

Natürlich darf bei Firefox auch eine Druckfunktion nicht fehlen. Wie üblich befinden sich alle entsprechenden Funktionen im Datei-Menü. Das, was Firefox hier bietet, unterscheidet sich kaum von dem, was Ihnen aus dem Internet Explorer oder anderen Browsern vertraut ist.

Webseiten drucken

Um eine Webseite auszudrucken, wählen Sie *Datei → Drucken* oder *Strg-p*. Damit öffnen Sie den Drucken-Dialog in Abbildung 5-1, der Ihnen eine Reihe von Einstellungsmöglichkeiten bietet:

- **Drucker:** Hier wählen Sie einen Drucker aus, wenn auf Ihrem System mehrere Drucker verfügbar sind, und richten ihn gegebenenfalls ein. Statt auf einen Drucker können Sie den Druck über die Option »Ausgabe in Datei« auch in eine Datei umleiten.
- **Druckbereich:** Hier wird festgelegt, welche Teile des Dokuments gedruckt werden sollen. Standardmäßig wird das ganze Dokument gedruckt. Sie können aber auch einen Seitenbereich angeben. Haben Sie auf der Seite einen Bereich markiert, können Sie »Markierung« ankreuzen, um nur den markierten Ausschnitt auszudrucken.

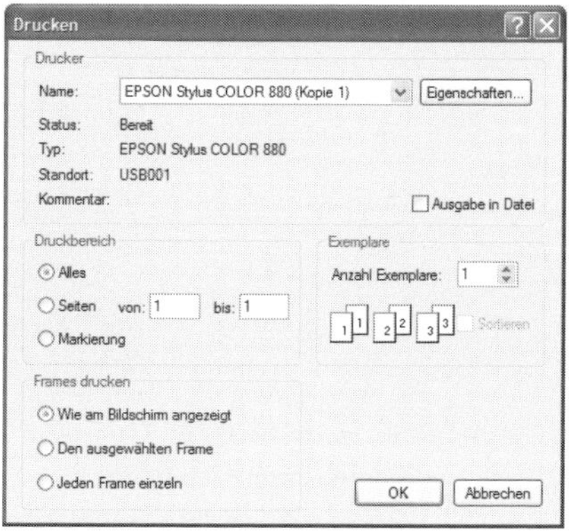

Abbildung 5-1:
Der Drucken-Dialog. Klicken Sie auf OK, um den Ausdruck mit den Standardeinstellungen auszuführen, oder konfigurieren Sie Ihren Druck manuell über die Optionen, die Sie in den vier Bereichen des Drucken-Dialogs finden.

- **Exemplare:** Hier geben Sie an, wie viele Kopien von jeder Seite erstellt werden sollen. Wenn Sie mehrere Kopien von jeder Seite ausgeben, können Sie über die Checkbox »Sortieren« festlegen, ob nacheinander jeweils die entsprechende Anzahl von Kopien der einzelnen Seiten oder mehrere zusammenhängende Kopien des ganzen Dokuments ausgegeben werden sollen.
- **Frames drucken:** Dieser Bereich ist nur verfügbar, wenn die zu druckende Seite Frames enthält. Dann können Sie hier angeben, wie die Frames auf dem Drucker ausgegeben werden sollen. Bei »Wie am Bildschirm angezeigt« gibt die Druckdarstellung das Layout der Webseite wieder.

  Wenn Sie nur ein bestimmter Teil einer solchen Webseite interessiert (z.B. weil Sie die ganzen Links und Navigationsleisten nicht auf dem Ausdruck haben wollen), können Sie den Ausdruck auf den gewünschten Frame beschränken. Setzen Sie dazu den Mauszeiger in diesen Frame, rufen Sie den Drucken-Dialog auf und wählen Sie dann die Option »Den ausgewählten Frame«.

  Interessiert Sie der Inhalt mehrerer Frames, kann die Option »Jeden Frame einzeln« hilfreich sein. Dann werden die Frames nacheinander ausgegeben. Dadurch können die verschiedenen Informationshappen leichter auseinander gehalten werden.

Die Druckvorschau

Webseiten sind eigentlich nicht für den Druck, sondern für die Darstellung auf Bildschirmen gedacht. Oft ist ihr Inhalt so umfangreich, dass er nicht auf eine Druckseite passt und deswegen erst noch in Druckseiten umformatiert werden muss. Und wenn die Webseite auch in der Horizontalen mehr Platz fordert, als Ihnen Ihr Papierformat zugesteht, muss Ihr Webbrowser eine ganze Menge Arbeit leisten, um das, was Sie auf dem Bildschirm sehen, in adäquater Form über Ihren Drucker zu schicken. Bei komplexeren oder längeren Dokumenten ist es deswegen empfehlenswert, vor dem tatsächlichen Druck einen Blick auf das zu erwartende Ergebnis zu werfen. Zu diesem Zweck bietet Firefox die in Abbildung 5-2 zu sehende Druckvorschau, die Sie mit *Datei → Druckvorschau* aufrufen können.

Abbildung 5-2:

In der Druckvorschau liefert Firefox Ihnen ein recht zuverlässiges Bild des endgültigen Druckergebnisses.

Die Webseite wird in Druckseiten eingeteilt und der Absatztext wird so umbrochen, dass die Zeilenlänge auf dem Papierformat Platz findet. Durch die Einteilung in Druckseiten können Sie leicht herausfinden, welche Seitennummern Sie im Drucken-Dialog angeben müssen, wenn Sie nur bestimmte Seiten drucken wollen.

Hinweis: Lassen Sie sich nicht irritieren, wenn sich in der Druckvorschau Zeichen von Textelementen überschneiden, die unterschiedliche Schriftformate, -arten oder -farben haben, oder Wortabstände zwischen solchen Elementen zu groß erscheinen. Je nach Skalierungsangabe ist das beispielsweise bei HTML-Links der Fall. Bei langen Zeilen kann es auch so aussehen, als würden sie am rechten Seitenrand abgeschnitten. Das liegt daran, dass die verwendete Schrift bereits für die Druckdarstellung optimiert ist. Ihre Laufweite auf dem Bildschirm entspricht leider nicht derjenigen auf Papier. Im Druckergebnis tauchen derartige Probleme nicht auf.

Sie können sich die einzelnen Seiten des Dokuments ansehen, indem Sie die Bildlaufleiste am rechten Rand verwenden oder die Buttons und das Textfeld zur Seitennavigation am oberen Rand (rechts neben dem Button *Seite einrichten*). Mit den einfachen Pfeil-Buttons gehen Sie eine Seite zurück bzw. vor. Mit den Pfeil-Buttons mit dem senkrechten Strich gehen Sie zum Anfang bzw. Ende des Dokuments. Wenn Sie direkt zu einer bestimmten Seite gehen wollen, geben Sie einfach die entsprechende Seitennummer in das Textfeld ein. Wenn Sie hier einen Wert angeben, der größer ist als die Gesamtseitenzahl, wird der Wert auf die Seitennummer der aktuellen Seite zurückgesetzt.

Die Werkzeugleiste bietet Ihnen außerdem noch ein paar weitere Optionen, mit denen Sie Einfluss auf das Druckformat nehmen können.

Die Buttons *Hochformat* und *Querformat* können Sie einsetzen, um den Ausdruck auf dem Papier zu orientieren. Wählen Sie *Querformat*, wenn Sie eine Webseite ausdrucken möchten, die mehr in die Breite als in die Länge geht.

Skalierung

Da die auf dem Bildschirm zu sehende Webseite, wie gesagt, nur selten in dieser Form auf einer Druckseite untergebracht werden kann, gliedert Firefox den Seiteninhalt so, dass er auf Druckseiten ausgegeben werden kann. Die Skalierung können Sie über das Drop-down-Menü *Skalierung:* verändern.

Standardmäßig wird »Auf Seitengröße verkleinern« verwendet. Das ist etwas missverständlich. Der Inhalt wird nicht so verkleinert, dass er auf eine Seite passt, sondern seine Darstellung wird so angepasst, dass ein optimales Druckergebnis erzielt wird. Bei Seiten mit überwiegend Text bedeutet das, dass Firefox versucht, die Seitenanzahl so gering wie möglich zu halten, ohne dabei die Schriftgröße so weit zu verkleinern, dass der Text nicht mehr zu lesen ist. Bei einfachen Dokumenten kann das auch bedeuten, dass die Webseite gar nicht skaliert wird und dem angeblichen »auf Seitengröße verkleinern« ein Skalierungsfaktor von 100% entspricht.

Hinweis: Leider zeigt Firefox nicht an, welcher Skalierungsfaktor beim Verkleinern auf Seitengröße verwendet wurde. Sie müssen also mit den festen Werten herumexperimentieren, wenn Sie das Ergebnis manuell optimieren wollen.

Außer dem Standardwert können Sie einen der vorgegebenen Werte zwischen 40 und 200 oder *Benutzerdefiniert* wählen. Wählen Sie *Benutzerdefiniert*, können Sie einen beliebigen ganzzahligen Wert angeben. Dabei werden Werte kleiner 10 stillschweigend auf 10 erhöht. Nach oben gibt es hier seltsamerweise keine Grenze.

Hinweis: Ändert sich durch die Anpassung des Skalierungsfaktors die Gesamtseitenzahl, wird das in der Werkzeugleiste leider nicht angezeigt. Klicken Sie einfach auf den Button, mit dem Sie ans Ende des Dokuments gehen, um sich die Seitennummer der letzten Seite anzeigen zu lassen.

Haben Sie den Skalierungsfaktor einmal geändert, wird dieser Wert für alle nachfolgenden Drucke während der laufenden Firefox-Session verwendet. Erst wenn Sie Firefox beenden und neu starten, wird wieder der Standardwert »Auf Seitengröße verkleinern« angewandt.

Das Seitenformat einrichten

Wenn Sie mit Ihren Druckergebnissen immer noch nicht zufrieden sind – wenn Ihnen z.B. die Randeinstellungen oder der Inhalt der Kopfzeile nicht gefällt –, sollten Sie die Einstellungen des Seitenformats prüfen. Den entsprechenden Dialog rufen Sie aus der Druckvorschau über den Button *Seite einrichten* (oder aus dem Browser selbst über *Datei → Seite einrichten*) auf. Dort finden Sie zwei Tabs.

Format & Optionen

Auf dem in Abbildung 5-3 zu sehenden Tab legen Sie fest, wie die Webseite auf der Druckseite dargestellt werden soll.

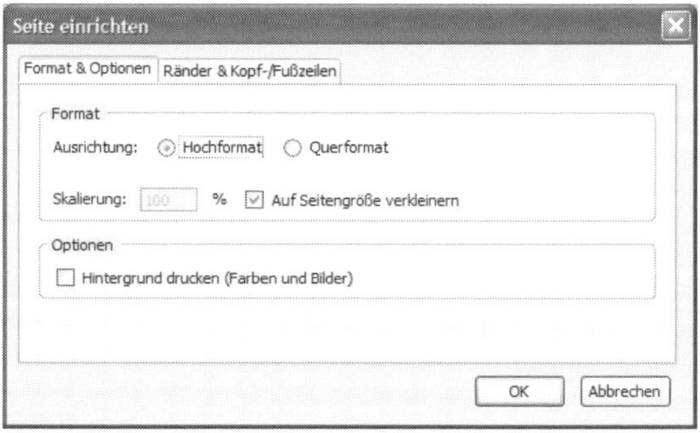

Abbildung 5-3:

Der Tab »Format & Optionen«, auf dem Sie die Druckdarstellung der Webseite festlegen.

Format

Die Einstellungsmöglichkeiten hier kennen Sie schon aus der Druckvorschau: die Wahl zwischen Hoch-/Querformat und den Skalierungsfaktor.

Wenn Sie den Skalierungsfaktor über diesen Dialog ändern wollen, müssen Sie gegebenenfalls zuerst das Häkchen bei »Auf Seitengröße verkleinern« entfernen. Das Zahlenfeld akzeptiert beliebige ganzzahlige Eingaben. Eingaben kleiner 10 werden auf 10 erhöht, Eingaben größer 500 auf 500 verkleinert, ohne dass Firefox Ihnen das mitteilt.

Hinweis: Haben Sie über die Option »Benutzerdefiniert ...« des Skalierungsmenüs der Druckvorschau einen Wert zwischen 501 und 999 angegeben, wird dieser zunächst auch hier angezeigt und bei nachfolgenden Druckversuchen verwendet. Wenn Sie diesen Dialog über *OK* schließen, wird der Wert auf 500 zurückgesetzt. Haben Sie in der Druckvorschau einen Wert mit mehr als drei Ziffern angegeben, werden nur die ersten drei Ziffern in diesen Dialog übernommen und der entsprechende Wert bei späteren Drucken verwendet.

Optionen

Der Plural ist eine leichte Übertreibung. Zurzeit steht Ihnen hier nur eine einzige Option zur Verfügung: »Hintergrund drucken (Farben und Bilder)«. Wenn Sie diese Option aktivieren, wird ein eventueller Seitenhintergrund mit ausgedruckt. Wenn es Ihnen um den Textinhalt einer Seite geht, ist davon abzuraten. Wenn Sie eine genaue Kopie einer grafisch ansprechenden Seite wünschen, ist diese Option jedoch unerlässlich.

Ränder & Kopf-/Fußzeilen

Auf dem in Abbildung 5-4 zu sehenden Tab nehmen Sie die eigentliche Seiteneinteilung vor.

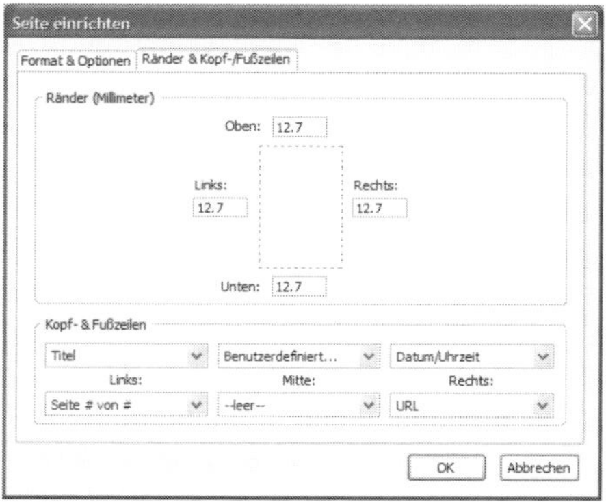

Abbildung 5-4:
Der Tab »Ränder & Kopf-/Fußzeilen«. Hier legen Sie die Randeinstellungen fest und definieren den Inhalt von Kopf- und Fußzeilen.

Ränder

Über die Randeinstellungen legen Sie fest, welcher Bereich der Seite bedruckt wird. Die Angabe der Werte erfolgt in Millimetern. Standardmäßig verwendet Firefox auf allen vier Seiten 12,7 Millimeter. Insbesondere bei älteren Druckern kann es sein, dass dieser Wert nicht ausreicht. Wenn auf Ihren Druckseiten an den Rändern – insbesondere am unteren Rand – Teile fehlen, sollten Sie versuchen, diese Werte anzupassen.

Auf der netten, aber etwas zu klein geratenen Seitenschablone können Sie ungefähr erkennen, was der von Ihnen eingegebene Wert bewirkt.

Achten Sie bei der Eingabe von Bruchzahlen darauf, dass als Dezimaltrenner – wie im Amerikanischen und in der Computer-Welt üblich – ein Punkt verwendet wird und kein Komma. Und wundern Sie sich beim erneuten Aufruf des Dialogs nicht, wenn Firefox die von Ihnen eingegebenen Werte leicht verändert. Er arbeitet intern mit anderen Einheiten. Bei der Umrechnung kann es schon einmal zu Rundungsdifferenzen kommen.

Kopf- & Fußzeilen

Außer dem eigentlichen Seiteninhalt finden Sie auf jeder Druckseite auch eine Kopf- und Fußzeile. Diese bestehen jeweils aus drei Bereichen: Links, Mitte, Rechts. In jedem dieser Bereiche können Sie einen beliebigen Inhalt ausgeben lassen. Dazu können Sie in den einzelnen Pull-down-Menüs folgende Optionen wählen:

- **--leer--:** In diesem Bereich wird gar nichts ausgegeben. Standardmäßig lässt Firefox die Mitte von Kopf- und Fußzeile leer. Setzen Sie alle Bereiche auf diesen Wert, wenn Sie keine Kopf- und Fußzeilen sehen wollen.
- **Titel:** Der Titel der Webseite. Firefox gibt ihn standardmäßig links in der Kopfzeile aus.
- **URL:** Die Webadresse der Webseite. Firefox gibt sie standardmäßig rechts in der Kopfzeile aus.
- **Datum/Uhrzeit:** Datum und Uhrzeit des Drucks. Wird von Firefox standardmäßig rechts in der Fußzeile ausgegeben.
- **Seite #:** Die aktuelle Seitennummer, zum Beispiel Seite 5.
- **Seite # von #:** Die aktuelle Seitennummer und die Gesamtanzahl von Seiten, zum Beispiel Seite 5 von 10. Gibt Firefox standardmäßig links in der Fußzeile aus.
- **Benutzerdefiniert:** Wenn Sie diese Option wählen, öffnet Firefox einen Dialog mit einem Textfeld, in dem Sie eine eigene Formatschablone definieren können. Folgende Kodes stehen zur Verfügung, um bestimmte variable Werte anzugeben:
  - &PT: Seite und Seitenanzahl (z.B. 5 von 10, wie in Seite 5 von 10)
  - &P: Seitennummer
  - &D: Datum
  - &U: Webadresse
  - &T: Titel der Seite

Wenn Sie andere Zeichenfolgen angeben, werden diese wörtlich wiedergegeben. Verwenden Sie beispielsweise »Gedruckt von Lars Schulten am &D«, um folgende Ausgabe zu erhalten: Gedruckt von Lars Schulten am 9.12.2004 13:45.

Tipp: Elemente wie &T oder &U sollten Sie am besten in einem eigenständigen Feld der Kopf- oder Fußzeile angeben. Sie werden nicht expandiert, wenn der resultierende Text so lang ist, dass er nicht in das entsprechende Feld passt.

Schneller im Web

Alles, was Sie im Web machen, wird festgehalten: Ihr Internet-Provider protokolliert Ihre Online-Zeiten, Ihr Rechner speichert, wann Sie eine Internetverbindung hergestellt haben und mit welchen Sites Sie Daten ausgetauscht haben, und Ihr Browser speichert die Seiten, die Sie im Web besucht haben, und die Eingaben, die Sie dort gemacht haben.

Auch Firefox hält eine Reihe von Informationen über Ihre Internetaktivitäten fest:

- besuchte Webseiten
- eingegebene Webadressen
- eingegebene Formulardaten
- eingegebene Passwörter

Diese Informationen kann Firefox einsetzen, um es Ihnen zu erleichtern, eine Webseite erneut aufzurufen oder ein Formular erneut auszufüllen. Da diese Informationen sensible Daten sind und andere die Einrichtungen von Firefox nutzen könnten, um sie auszuspionieren und zu verwenden, muss man natürlich auch wissen, welche Möglichkeiten Firefox bietet, um diese Informationen zu schützen.

In diesem Kapitel geht es also nicht darum, wie Sie schneller ins Web kommen, sondern darum, wie Sie sich darin schneller bewegen, indem Sie auf Eingaben zurückgreifen, die Sie vorher schon einmal gemacht haben.

Die Liste der besuchten Webseiten

Der Weg, den Sie im Internet genommen haben, indem Sie Webadressen über die Adressleiste oder Links auf anderen Webseiten aufgerufen haben, wird von Ihrem Browser Station für Station in der Liste der besuchten Webseiten aufgezeichnet. Mit den *Zurück*- und *Vor*-Buttons können Sie nach und nach über die einzelnen Stationen Ihrer Webreise von einer Webseite zur anderen ziehen.

Wenn Sie es eilig haben und Zwischenstationen überspringen wollen, können Sie auch auf das schwarze Dreieck neben den Buttons oder mit der rechten Maustaste auf den entsprechenden Button klicken. Dann wird Ihnen die vollständige Liste aller besuchten Webseiten direkt angezeigt, und Sie können diejenige aussuchen, zu der Sie springen wollen.

Tipp: Wenn Sie mit der mittleren Maustaste auf einen der Einträge klicken, wird die Seite in einem neuen Tab geöffnet.

Auch wenn die Liste der besuchten Webseiten praktisch ist, bietet sie nur eingeschränkte Möglichkeiten. Wenn Sie einen genaueren Überblick haben wollen, nach einer bestimmten Webseite suchen oder zu einer Seite zurückspringen wollen, die Sie vor ein paar Tagen besucht haben, dann sollten Sie dazu die Chronik verwenden.

Die Chronik

Die Chronik ist eine globale Einrichtung des Browsers, in der alle Webseiten gespeichert werden, die Sie mit Firefox in einem festgelegten Zeitraum besucht haben. Sie bietet eine einfache Möglichkeit, um erneut auf Seiten zuzugreifen, die Sie vor einigen Tagen besucht haben.

Sie rufen die Chronik auf, indem Sie *Gehe → Chronik* wählen oder *Strg-h* drücken. Die Chronik erscheint dann links in der Sidebar. Auf die gleiche Weise können Sie die Chronik auch wieder ausblenden.

Tipp: Im *Gehe*-Menü wird Ihnen bereits ein kleiner Ausschnitt aus der Chronik präsentiert. Dort sehen Sie die zehn zuletzt besuchten Seiten.

Je nach Ansicht-Option werden diese Webseiten in einer einfachen oder in einer mit Ordnern gegliederten Liste angezeigt. Sie entfalten die Ordnerstruktur, indem Sie einfach auf die entsprechenden Ordner oder auf das Pluszeichen vor ihnen klicken. Auf die gleiche Weise können Sie einen Ordner auch wieder schließen.

AUF TOUREN KOMMEN

Besuchte Webseiten vs. Chronik

Die Liste der besuchten Webseiten wird oft mit der *Chronik* verwechselt. Es sind aber zwei verschiedene Dinge, die grundlegende Unterschiede aufweisen.

In der Liste der besuchten Webseiten werden vorübergehend die Webseiten gespeichert, die Sie besucht haben, seitdem Sie Ihren Browser gestartet haben. Wenn Sie Ihren Browser schließen, wird sie gelöscht. Wenn Sie den Browser starten, ist sie immer leer. Ebenso wenn Sie ein neues Browserfenster oder einen neuen Tab öffnen. In einem neuen Fenster bzw. Tab steht die Liste des ursprünglichen Fensters nicht mehr zur Verfügung. Für alle Fenster und Tabs pflegt Ihr Browser eine eigenständige und von den Listen der anderen unabhängige Liste von besuchten Webseiten.

Das liegt daran, dass diese Liste eine standardmäßige Browsereinrichtung ist, auf die beispielsweise auch über JavaScript-Funktionen zugegriffen werden kann. Da das Sicherheitsrisiken birgt, ist sie nicht dauerhaft und wird auch nicht an neue Fenster oder Tabs vererbt.

Die Chronik hingegen ist eine globale Einrichtung des Browsers. Das heißt, es gibt nur eine Chronik, die für alle Browserfenster gilt. Sie ist nicht temporär, sondern speichert die Webseiten, die Sie besucht haben, dauerhaft. Da sie alle Webseiten enthält, die in den Listen der besuchten Webseiten aller laufenden Browser-Instanzen auftauchen, bietet sie eine schnelle Möglichkeit, um in einem Browserfenster eine Webseite aufzurufen, die in einem anderen Fenster angezeigt wurde. Sie stellt kein Sicherheitsrisiko dar, weil mit ihr nicht über Skriptsprachen interagiert werden kann.

Möchten Sie eine der Webseiten erneut aufrufen, klicken Sie einfach auf den entsprechenden Eintrag. Die Seite wird dann im aktuellen Tab des aktuellen Browserfensters geöffnet.

Tipp: Strg-Klick und Shift-Klick öffnen die Seite wie üblich in einem neuen Tab respektive Browserfenster.

Die Chronik durchsuchen

Die Chronik bietet eine praktische Suchfunktion, mit der Sie nach Seiten suchen können, deren Titel einen bestimmten Begriff enthalten.

Klicken Sie in das Suchen-Textfeld oder drücken Sie *Alt-s* und geben Sie wie in Abbildung 6-1 die Zeichenfolge ein, die im Titel der gewünschten Webseite vorkommen soll.

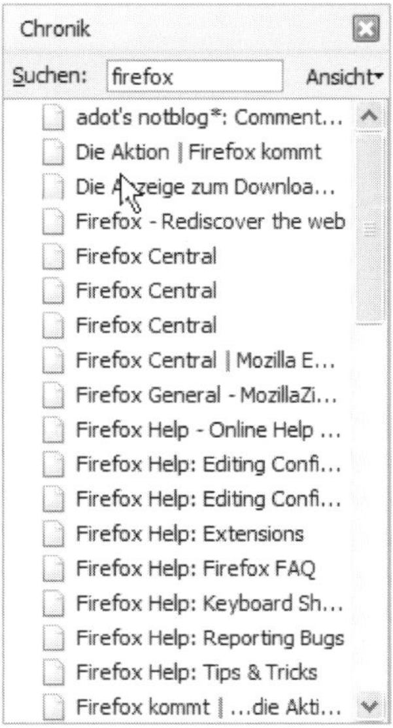

Abbildung 6-1:

Suchen in der Chronik. Ihr Suchbegriff wirkt wie ein Filter. In der Chronik werden dann nur noch die Seiten angezeigt, die dem Suchkriterium genügen.

Darstellungsoptionen der Chronik

Da nicht alle Webseiten Titel haben, aus denen klar hervorgeht, welchen Inhalt sie haben, sind Sie oft gezwungen, von Hand in der Chronik zu suchen. Dazu können Sie sich die in der Chronik aufgeführten Seiten auf verschiedene Weise anzeigen lassen. Je nachdem, was Sie über eine gesuchte Webseite wissen, kann Ihnen das die Suche erleichtern. Die zur Verfügung stehenden Optionen werden angezeigt, wenn Sie auf den *Ansicht*-Button klicken.

Hinweis: Wenn Sie die Ansicht-Option ändern, verwendet Firefox bei späteren Aufrufen immer die neue Option.

- **Datum und Website:** Die Einträge der Chronik werden zuerst nach Datum zu Tagen gruppiert, »Vor 2 Tagen« beispielsweise. Alle Webseiten, die Sie vor mehr als 6 Tagen besucht haben, werden zu einer großen Gruppe zusammengefasst.

  Unterhalb der Datumsebene werden die einzelnen Webseiten den jeweiligen Websites zugeordnet. Verwenden Sie diese Option, wenn Sie wissen, dass Sie vor vier Tagen auf einer bestimmten Website mehrere Webseiten besucht haben.

Hinweis: Website und Webseite bezeichnen zwei verschiedene Dinge. Eine Website ist eine bestimmte Internetpräsenz, deren Eingangsseite Sie aufrufen, wenn Sie in der Adressleiste eine Adresse wie *www.amazon.de* eingeben. Webseiten (Webpages) sind die einzelnen Seiten, aus denen eine vollständige Internetpräsenz besteht. Bei Amazon beispielsweise die Webseite zu dem Buch, das Sie gerade vor sich haben, und die Seiten zu all den anderen Büchern, die Sie dort kaufen können.

- **Website:** Der Name dieser Option ist etwas irreführend. Die Einträge werden nach den Namen der Webseiten und nicht nach denen der Websites sortiert, wie der Name der Option suggeriert. Wählen Sie diese Ansichtsoption, wenn Sie nicht wissen, wann Sie eine bestimmte Webseite besucht haben.

- **Datum:** Die Einträge werden nach Datum sortiert. Auch hier werden die Webseiten nach Tagen gruppiert. Der Unterschied ist, dass die Webseiten nicht den Websites zugeordnet, sondern einfach nach den Namen der Webseiten sortiert werden.
- **Meistbesucht:** Die Webseiten werden in absteigender Reihenfolge nach der Anzahl der Aufrufe sortiert. Wählen Sie diese Option, wenn Sie wissen wollen, welche Webseiten Sie am häufigsten besuchen. Für Webseiten, die bei dieser Sortierung ganz oben auftauchen, sollten Sie vielleicht Lesezeichen anlegen.
- **Zuletzt besucht:** Die Webseiten werden anhand des Datums sortiert, zu dem Sie sie das letzte Mal besucht haben. Anders als bei den Ansichtsoptionen *Datum und Website* und *Datum* erscheint hier jede Webseite nur einmal. Wenn Sie eine Seite erneut aufrufen, erscheint sie automatisch ganz oben in der Liste.

Die Chronik verwalten

Wenn Sie mit der rechten Maustaste auf den Eintrag klicken, werden Ihnen verschiedene Optionen zur Arbeit mit den Einträgen der Chronik angeboten. Diese sehen Sie in Abbildung 6-2.

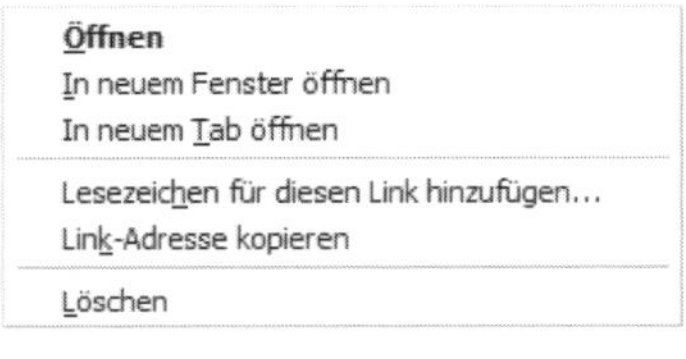

Abbildung 6-2:
Das Kontextmenü der Chronik bietet Ihnen verschiedene Möglichkeiten, mit den Einträgen der Chronik zu arbeiten.

Sie können die Webseite einfach in einem neuen Fenster oder in einem neuen Tab im aktuellen Fenster öffnen. Sie können direkt ein Lesezeichen für die Seite anlegen, ohne sie noch einmal aufzurufen. Mit *Link-Adresse kopieren* können Sie die URL der Webseite in die Zwischenablage kopieren.

Wenn Sie Ihre Chronik pflegen wollen, können Sie mit *Löschen* einen bestimmten Eintrag aus der Chronik löschen. Das ist praktisch, wenn Sie möchten, dass Ihre Chronik nur die Webseiten enthält, auf die Sie erneut zugreifen wollen, oder wenn Sie vor Ihrem Mann verbergen wollen, dass Sie sich im Internet gerade ein neues Paar Schuhe bestellt haben, das ein kleines Vermögen kostet.

Wenn Sie mit der rechten Maustaste auf einen Ordner klicken, können Sie mit *Löschen* den ganzen Ordner mit allen darin enthaltenen Webseiten aus der Chronik entfernen. Je nach Ansichtsoption können Sie so alle Seiten löschen, die Sie an einem bestimmten Tag oder auf einer bestimmten Website besucht haben.

Die Chronik konfigurieren

Die Einstellungen für die Chronik finden Sie unter *Extras → Einstellungen → Datenschutz → Chronik* (Abbildung 6-3). Viele Optionen gibt es hier allerdings nicht. Sie können sehen, dass in der Chronik standardmäßig die Webseiten der letzten 20 Tage gespeichert werden.

Abbildung 6-3:

Die Konfigurationsmöglichkeiten für die Chronik. Wenn Sie auch in zehn Jahren noch genau wissen wollen, welche Webseiten Sie bei Ihrer ersten Firefox-Session besucht haben, können Sie hier eine beliebig große Anzahl von Tagen angeben.

Wenn Sie die Chronik abschalten möchten, damit niemand Ihr Surfverhalten verfolgen kann, können Sie hier einfach 0 Tage angeben.

Die einzige andere Option, die Ihnen zur Verfügung steht, ist die Chronik zu löschen. Klicken Sie auf den *Löschen*-Button, wenn Sie verhindern wollen, dass andere sehen, welche Webseiten Sie besucht haben.

Hinweis: Wenn Sie die Chronik löschen, werden auch die Listen der besuchten Webseiten aller offenen Browserinstanzen gelöscht. Sie können in ihnen dann nicht mehr mit *Zurück* und *Vor* zwischen den Seiten navigieren, die Sie besucht haben.

Adressleiste und Chronik

Sie möchten zu einer Webseite gehen, die Sie schon einmal besucht haben, wollen aber keinen Bildschirmplatz für die Chronik opfern. Kein Problem: Verwenden Sie einfach die Adressleiste. Das Gedächtnis von Firefox für Webseiten steht Ihnen auch über sie zur Verfügung.

Klicken Sie einfach auf den Button rechts in der Adressleiste, um wie in Abbildung 6-4 das Drop-down-Menü zu entfalten. Firefox zeigt Ihnen dann alle Websites an, auf denen Sie Webseiten aufgerufen haben. Wenn Sie beispielsweise mehrere Webseiten auf der Amazon-Website besucht haben, sehen Sie nur den Eintrag *http://www.amazon.de*.

Tipp: Wenn Sie in der Liste Einträge löschen wollen, bewegen Sie einfach den Mauszeiger darüber oder navigieren Sie mit den Pfeiltasten zu dem jeweiligen Eintrag und drücken Sie *Shift-Entf*.

Wenn Sie in der Adressleiste mit der Eingabe einer URL beginnen, verwendet Firefox die eingegebenen Zeichen als Kriterien, anhand derer er die Webadressen filtert, die in der Chronik gespeichert sind. Er zeigt dann unter der Adress-

Abbildung 6-4:
Bei einem Klick auf den Adressleisten-Button zeigt Firefox Ihnen die besuchten Websites an. Wählen Sie einfach die Website aus, die die Webseite enthält, die Sie erneut aufrufen wollen.

leiste eine Liste der Adressen an, deren Anfang der aktuellen Eingabe entspricht.

Das ewig gleiche »www« können Sie sich dabei sogar sparen. Firefox findet die passenden Webseiten auch ohne es. Er findet alle Webseiten, bei denen der Name der Website mit der eingegebenen Zeichenfolge beginnt. Zeichenfolgen im hinteren Teil der Webadresse findet er allerdings nicht.

Dabei werden Ihnen dann nicht nur die einzelnen Websites angezeigt, sondern alle Webseiten, die Sie auf den unterschiedlichen Websites besucht haben. Während Sie weitere Zeichen eingeben und so die Adresse immer genauer angeben, wird die Liste kontinuierlich eingeengt.

Wenn Sie in der Liste die Webseite sehen, nach der Sie suchen, rufen Sie sie auf, indem Sie darauf klicken oder mit Pfeil-nach-unten, Pfeil-nach-oben (Tab, Shift-Tab tun es auch) zu ihr gehen und Enter drücken.

Hinweis: Auch diese Liste wird gelöscht, wenn Sie im Einstellungen-Dialog die Chronik löschen.

Cache

Firefox speichert nicht nur die Webseiten, die Sie besucht haben, sondern auch deren Inhalte in einem Zwischenspeicher, dem so genannten Cache. Das macht es Ihnen zwar nicht leichter, die Seite wieder aufzurufen, kann aber dafür sorgen, dass die Seite schneller geladen wird. Wenn Firefox eine Seite schon einmal geladen hat, muss er eventuell nicht warten, bis sie ihm über das Web geliefert wird, sondern kann die auf der Festplatte gespeicherte Seite wiederverwenden.

Wenn Seiten gecacht werden, hat das auch den Vorteil, dass Sie die Seiten aufrufen können, wenn keine Internetverbindung besteht. Das ist natürlich nicht so komfortabel wie ein echter Offline-Browser, aber Sie können wenigstens direkt besuchte Seiten erneut aufrufen, wenn Sie mit Ihrem Laptop fern aller Internetverbindungen unterwegs sind. Dazu müssen Sie in den Offline-Modus wechseln, den Sie über *Datei → Offline arbeiten* aktivieren.

Zwei Dinge sind hinsichtlich des Caches zu beachten:

- Da man auch aus den gecachten Seiten Ihre Web-Sessions rekonstruieren kann, zählen sie ebenfalls zu den sensiblen Daten, die andere vielleicht nicht einsehen sollen
- Außerdem nehmen sie Festplattenplatz ein, den Sie vielleicht lieber für andere Daten oder Programme verwenden wollen. Wenn Sie hingegen über ein System mit einer großen Festplatte verfügen, wollen Sie Firefox vielleicht auch mehr Platz zum Speichern von Webseiten zur Verfügung stellen. Dann kann er mehr Seiten cachen, und Sie können von dieser Einrichtung noch mehr profitieren.

Den Cache leeren

Gehen Sie zu *Extras → Einstellungen → Datenschutz → Cache* und klicken Sie auf den *Löschen*-Button (siehe Abbildung 6-5), um den Cache zu leeren. Wenn Sie mit

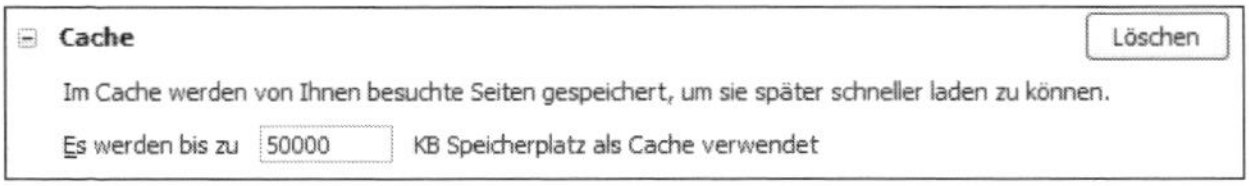

Abbildung 6-5:
Die Konfigurationsmöglichkeiten für den Cache.

einem großen Cache arbeiten, in dem viele Seiten gespeichert sind, kann dieser Vorgang je nach Geschwindigkeit Ihres Rechners (und Ihrer Festplatte) mehrere Minuten in Anspruch nehmen.

Die Cache-Größe anpassen

Standardmäßig verwendet Firefox 50 MB Festplattenplatz für den Webseiten-Cache. Verfügen Sie über ein System mit einer großen Festplatte, sollten Sie ihm vielleicht mehr Platz einräumen, damit er mehr Seiten vorrätig halten kann. Geben Sie dazu in dem Textfeld in »Es werden bis zu ... KB Speicherplatz als Cache verwendet« die gewünschte Größe in Kilobytes für den Cache an. Wenn Sie Firefox 1 GB Speicherplatz für den Cache zur Verfügung stellen wollen, müssten Sie dort beispielsweise 1000000 angeben.

Wenn Sie ein System mit einer sehr kleinen Festplatte haben und Firefox lieber überhaupt keinen Speicherplatz zur Verfügung stellen wollen, geben Sie dort einfach 0 ein. Das bewirkt, dass das Cachen von Webseiten abgeschaltet wird. Damit verhindern Sie gleichzeitig, dass ein anderer anhand des Caches feststellen kann, welche Webseiten Sie aufgerufen haben.

Den Cache einsehen

Vielleicht vermissen Sie hier die Möglichkeit, die Elemente einsehen zu können, die im Cache gespeichert sind. Über den Einstellungen-Dialog ist das tatsächlich nicht möglich.

Aber Firefox bietet Ihnen dazu eine spezielle Informationsseite, die Sie im Inhaltsfenster anzeigen können. Diese liefert Ihnen alle Informationen zu den gecachten Seiten, die Sie sich wünschen könnten.

Um sie aufzurufen, geben Sie in der Adressleiste *about:cache* ein. Im Inhaltsfenster des Browsers sehen Sie dann wie in Abbildung 6-6 eine Seite mit Informationen zu den beiden Cache-Geräten, die verwendet werden, dem Speicher- und dem Festplatten-Cache.

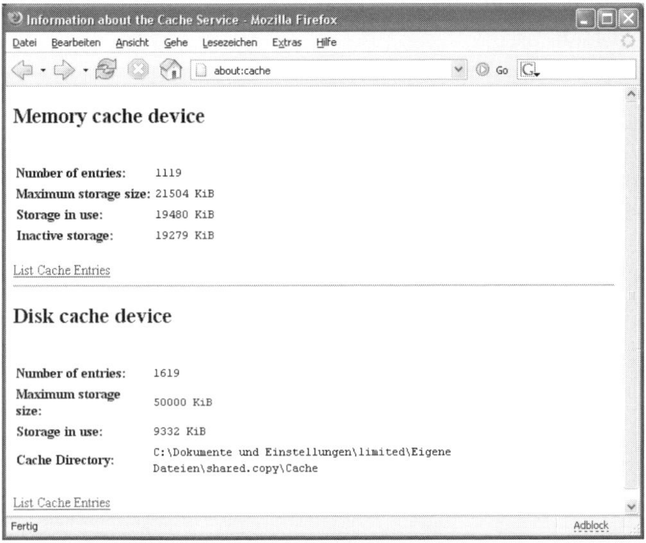

Abbildung 6-6:

Die Informationsseite zum Cache. Eins der wunderbaren Hilfsmittel, die Firefox hinter den verschiedenen about:-Pseudoadressen verbirgt.

Klicken Sie auf einen der »List Cache Entries«-Links, um den Inhalt des entsprechenden Cache-Geräts anzuzeigen. Die Listen, die Sie dann sehen, sind ausgesprochen umfangreich. Zu jedem Objekt wird angezeigt, wie groß es ist, wie oft es abgerufen wurde, wann es das letzte Mal verändert wurde und wann es verfällt.

Wenn Sie auf den Link für eins der gecachten Objekte klicken, erhalten Sie noch ausführlichere Informationen. Unter anderem wird Ihnen das Protokoll angezeigt, über das es geliefert wurde, die Methode, mit der es abgerufen wurde, sowie die vollständigen HTTP-Header der Server-Response.

Tipp: Die *about:cache*-Pseudoadresse ist nicht die einzige Seite dieser Art, die Firefox kennt. Versuchen Sie es einmal mit *about:*, wenn Sie Informationen zu Ihrer Firefox-Version suchen, oder mit *about:buildconfig*, wenn Sie wissen wollen, wie Ihr Firefox kompiliert wurde. *about:plugins* und *about:config* sind zwei weitere sehr praktische Pseudoadressen, auf die in späteren Kapiteln noch kurz eingegangen wird.

Gespeicherte Formulardaten

Es ist unendlich lästig, immer wieder dieselben Informationen in Formulare von Webseiten eingeben zu müssen. Sicher klebt an Ihrem Bildschirm auch eine Liste mit Angaben zu den Daten, um deren Eingabe Webseiten üblicherweise bitten. Wer hat schon Lust, jedes Mal die Brieftasche herauszukramen, um diese Daten in Ausweisen und ähnlichen Dokumenten nachzuschlagen. Firefox macht Ihnen das Leben nicht nur leichter, sondern auch sicherer.

Firefox speichert alle Daten, die Sie irgendwann einmal in einem Formular eingegeben haben. Wenn Sie eine Webseite mit einem Formular aufrufen, das Sie schon einmal ausgefüllt haben, kann er Sie mit diesen gespeicherten Informationen bei der erneuten Eingabe unterstützen.

Doppelklicken Sie in das entsprechende Formularfeld, um sich alle bisher erfolgten Eingaben anzeigen zu lassen. Wählen Sie dann wie in Abbildung 6-7 in der angezeigten Liste die Eingabe aus, die Sie benötigen. Oder fangen Sie einfach an, das Feld auszufüllen, und lassen Sie sich von Firefox die alten Eingaben anzeigen, die mit der gleichen Zeichenfolge beginnen.

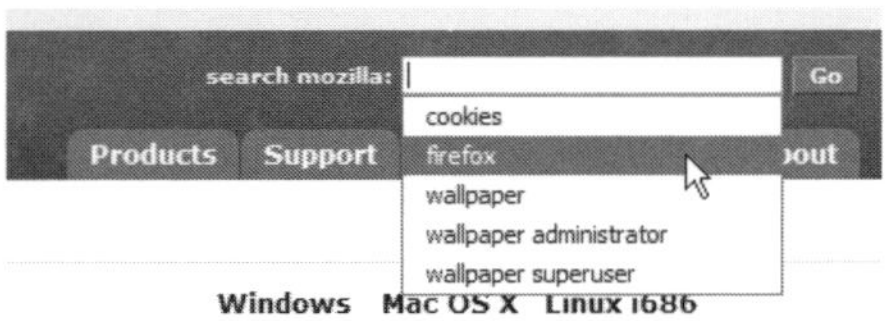

Abbildung 6-7:
Die gespeicherten Formulardaten für ein Eingabefeld: Wählen Sie mit der Maus oder den Pfeiltasten den Eintrag aus, den Sie benötigen.

Speicherung von Formulardaten aktivieren bzw. deaktivieren

Um die Speicherung von eingegebenen Formulardaten zu aktivieren bzw. zu deaktivieren, gehen Sie zu *Extras → Einstellungen → Datenschutz → Gespeicherte Formulardaten* (Abbildung 6-8). Setzen bzw. entfernen Sie das Häkchen in der Checkbox »Daten speichern, die in Webseiten-Formulare und die Suchleiste eingegeben werden«.

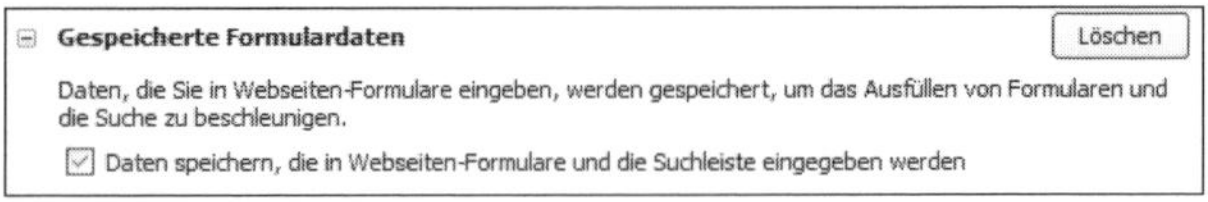

Abbildung 6-8:
Die Konfigurationsmöglichkeiten für gespeicherte Formulardaten.

Gespeicherte Formulardaten löschen

Mit einem einzigen Klick auf den *Löschen*-Button können Sie alle gespeicherten Formulardaten unwiederbringlich löschen.

Sie haben auch die Möglichkeit, nur einzelne Einträge zu löschen. Wenn Sie bei der erneuten Eingabe von Formulardaten die Filterfunktionen verwenden und die Liste mit den vorherigen Eingaben angezeigt wird, die mit der gleichen Zeichenfolge beginnen, können Sie mit *Shift-Entf* einzelne

Eingaben löschen, die Sie mit den Pfeiltasten angesteuert haben. Das ist hilfreich, wenn Firefox Ihnen immer falsche Vervollständigungen vorschlägt, weil Sie sich bei der Eingabe einmal vertippt haben.

Gespeicherte Passwörter

Ein wichtiger Sonderfall gespeicherter Formulardaten sind gespeicherte Passwörter. Firefox macht Ihnen die erneute Eingabe dieser Informationen noch einfacher: Wenn Sie eine Webseite erneut besuchen, müssen Sie überhaupt nichts mehr eingeben.

Wenn es sich bei Formulardaten um Benutzername/Passwort-Kombinationen handelt, fragt Firefox Sie beim ersten Abschicken über einen Dialog wie in Abbildung 6-9, ob der Passwort-Manager diese Login-Daten speichern soll.

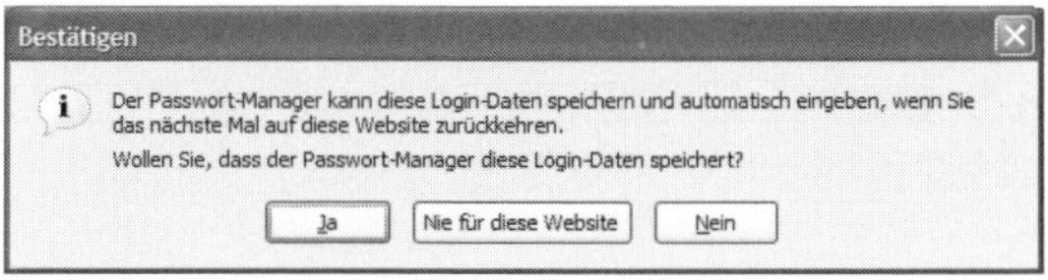

Abbildung 6-9:
Der Dialog zum Passwortspeichern, über den Sie Firefox mitteilen können, ob er Sie in diese Website künftig automatisch einloggen soll.

Wenn Sie auf *Ja* klicken, füllt Firefox diese Felder künftig automatisch für Sie aus. Sie müssen nur noch auf den Login-Button klicken und schon betreten Sie den passwortgeschützten Bereich.

Wählen Sie *Nie für diese Website*, speichert Firefox die Login-Daten nicht und fragt Sie in Zukunft auch nicht mehr, ob Login-Daten für diese Website gespeichert werden sollen. Klicken Sie auf *Nein*, werden die Daten dieses Mal nicht gespeichert. Beim nächsten Besuch der Website werden Sie dann aber erneut gefragt, ob die Daten gespeichert werden sollen.

Die Speicherung von Passwörtern aktivieren bzw. deaktivieren

Passwörter sind sehr sensible Daten, und Sie sollten sich genau überlegen, ob Sie wirklich wollen, dass Firefox die von Ihnen eingegebenen Zugangsdaten für Webseiten speichert. Unter *Extras → Einstellungen → Datenschutz → Gespeicherte Passwörter* (Abbildung 6-10) können Sie die Speicherung von Passwörtern aktivieren bzw. deaktivieren, indem Sie das Häkchen vor »Passwörter speichern« setzen oder entfernen.

Abbildung 6-10:
Die Konfigurationsmöglichkeiten für gespeicherte Passwörter.

Hinweis: Auf Systemen, die von sehr vielen Personen genutzt werden (Rechner in einem Internet-Café beispielsweise), sollten Sie die Speicherung von Passwörtern (und Formulardaten) grundsätzlich deaktivieren. Sonst können sie von anderen verwendet werden, um sich unberechtigten Zugriff auf passwortgeschützte Webbereiche zu verschaffen.

Auf Systemen, die nur von ein paar Personen genutzt werden, können Sie die Speicherung von Passwörtern verwenden, wenn Sie mit Benutzerprofilen arbeiten. Dann werden die Passwörter der verschiedenen Benutzer separat gespeichert und können von anderen nicht verwendet werden. Mehr zu Profilen erfahren Sie in Kapitel 11, *Benutzerprofile*.

Gespeicherte Passwörter löschen

Klicken Sie unter *Extras → Einstellungen → Datenschutz → Gespeicherte Passwörter* auf *Löschen*, um alle gespeicherten Passwörter zu löschen. Anders als beim Löschen der Chronik oder der gespeicherten Formulardaten fragt Firefox hier nach, ob Sie Ihre gespeicherten Passwörter wirklich löschen wollen.

Wenn Sie nur einzelne Passwörter löschen wollen, können Sie dazu den Passwort-Manager benutzen.

Der Passwort-Manager

Mit dem Passwort-Manager können Sie Ihre gespeicherten Passwörter verwalten. Sie können ihn über den Button *Gespeicherte Passwörter anzeigen* aufrufen.

Sie finden in ihm zwei Tabs. Auf dem in Abbildung 6-11 zu sehenden Tab »Gespeicherte Passwörter« sehen Sie die Webseiten und Benutzernamen, für die Passwörter gespeichert sind. Wenn Sie wollen, können Sie sich hier mit einem Klick auf den Button *Passwörter anzeigen* auch noch eine Spalte ausgeben lassen, in der die entsprechenden Passwörter im Klartext angezeigt werden. Da das eine höchst unsi-

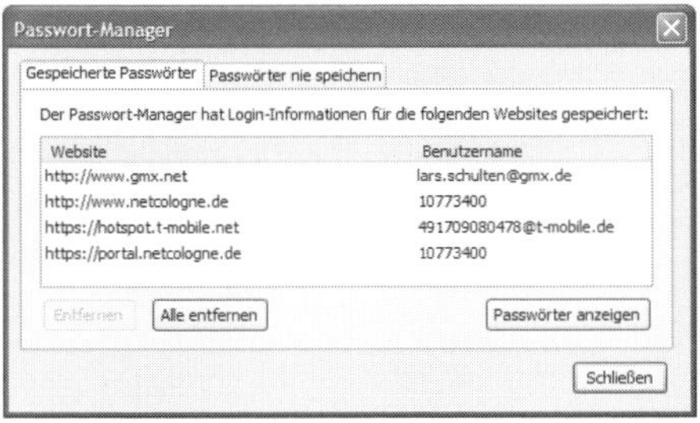

Abbildung 6-11: Die Liste mit den Webseiten, für die sich Firefox Passwörter gemerkt hat. Hinter der Webadresse steht der Benutzername, für den ein Passwort registriert ist.

chere Angelegenheit ist – Sind Sie sicher, dass nicht gerade doch jemand hinter Ihnen steht? –, fragt Firefox nach, ob Sie das wirklich wollen.

Über die Buttons *Entfernen* und *Alle entfernen* können Sie einzelne Einträge oder die komplette Liste löschen.

Im in Abbildung 6-12 zu sehenden Tab »Passwörter nie speichern« finden Sie die Adressen der Websites, bei denen Sie *Nie für diese Website* gewählt haben, als Firefox Sie gefragt hat, ob das Passwort gespeichert werden soll. Wenn Sie eine dieser Entscheidungen später rückgängig machen wollen, löschen Sie mit *Entfernen* einfach den entsprechenden Eintrag.

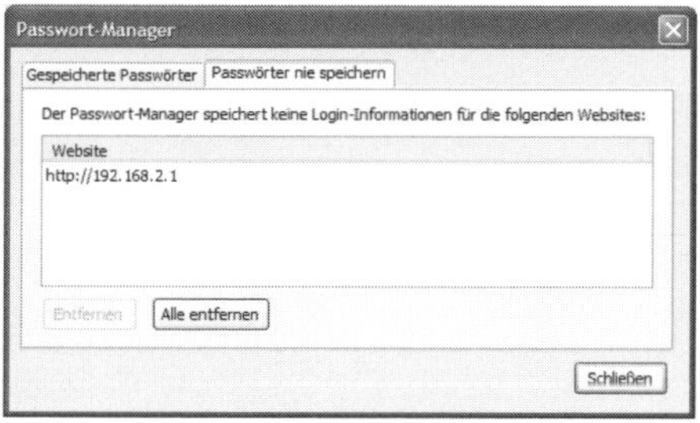

Abbildung 6-12:
Die Liste mit den Seiten, für die Firefox keine Passwörter speichert.

Das Master-Passwort

Im Browser gespeicherte Passwörter sind genauso unsicher wie Passwörter, die Sie auf einem Zettel notiert haben. Deswegen bietet Ihnen Firefox die Möglichkeit, ein Master-Passwort festzulegen, mit dem Sie Ihre sensiblen Zugangsdaten sichern können. Statt all der Passwörter, die Sie im Web benötigen, müssen Sie sich nur noch das Master-Passwort merken. Gleichzeitig können andere Ihre Browsereinrichtungen nicht mehr so leicht nutzen, um Ihre Passwörter zu verwenden oder auszuspionieren.

Wenn Sie ein Master-Passwort festgelegt haben, fordert Firefox Sie zuerst zur Eingabe des Master-Passworts auf, bevor er gespeicherte Daten verwendet, um Login-Formulare von Websites für Sie auszufüllen. Das Master-Passwort muss während einer Browser-Session nur einmal eingegeben werden. Kommen Sie später erneut auf eine Seite, für die Login-Daten gespeichert sind, fügt Firefox diese ein, ohne dass Sie das Master-Passwort erneut eingeben müssen. Auch den Passwort-Manager können Sie nur noch verwenden, wenn Sie zuerst das Master-Passwort eingeben.

Master-Passwort festlegen

Wenn Sie noch kein Master-Passwort eingerichtet haben, machen Sie Folgendes:

1. Gehen Sie zu *Extras → Einstellungen → Datenschutz → Gespeicherte Passwörter.*
2. Klicken Sie auf den Button *Master-Passwort festlegen.*
3. Geben Sie wie in Abbildung 6-13 in den Textfeldern »Neues Passwort« zweimal das neue Passwort ein.

Abbildung 6-13:
Der Dialog *Master-Passwort ändern*. Anhand des Felds »Passwort-Qualitäts-Messer« können Sie prüfen, ob Ihr Passwort sicher genug ist. Am sichersten sind willkürliche Kombinationen aus Buchstaben, Zahlen und Sonderzeichen. Das hier ist nicht ganz so sicher.

4. Klicken Sie zweimal auf *OK*. (Wenn der *OK*-Button nach der doppelten Eingabe des Passworts nicht aktiviert ist, haben Sie wahrscheinlich bei der Wiederholung des Passworts einen Fehler gemacht.)

Warnung: Beachten Sie unbedingt den Hinweis unten im Dialog *Master-Passwort ändern*. Vergessen Sie Ihr Master-Passwort nicht. Es gibt wirklich keine Möglichkeit, es wiederzuerlangen.

Master-Passwort ändern

Wenn Sie bereits ein Master-Passwort festgelegt haben, können Sie dieses auch ändern. Der Button, mit dem Sie den Dialog *Master-Passwort ändern* aufrufen, hat dann den Titel *Master-Passwort ändern*. Sie müssen vor der Eingabe des neuen Passworts im Textfeld »Aktuelles Passwort« zuerst das aktuelle Passwort eingeben, damit Firefox weiß, dass Sie zur Änderung des Master-Passworts berechtigt sind.

Master-Passwort löschen

Sie können das Master-Passwort löschen, indem Sie im Dialog *Master-Passwort ändern* die Felder »Neues Passwort« leer lassen. Damit Sie das nicht aus Versehen machen, weist Firefox Sie nach dem Klick auf *OK* darauf hin, dass Ihre Passwörter jetzt nicht mehr geschützt sind.

Kapitel

7

Lesezeichen

Lesezeichen sind eine wunderbare Einrichtung. Sie helfen Ihnen nicht nur, schnell auf Ihre Lieblingsseiten zuzugreifen, sondern können auch als Merkhilfe dienen oder um Seiten (wie zum Beispiel Suchergebnisse) vorübergehend festzuhalten.

GANZ WIE SIE WÜNSCHEN

Menü, Symbolleiste oder Sidebar?

Die Lesezeichen-Infrastruktur von Firefox ist redundant. Sie können auf Ihre Lesezeichen über ein Menü, eine Symbolleiste oder eine Sidebar zugreifen. Alle drei bieten Ihnen im Grunde dieselben Funktionalitäten. Es bleibt Ihren persönlichen Vorlieben überlassen, sich für eine der Möglichkeiten zu entscheiden.

Wenn Sie Lesezeichen eher selten verwenden oder lieber über die Tastatur auf Menüs zugreifen, statt mit dem Mauszeiger über den Bildschirm zu streifen, reicht Ihnen wahrscheinlich das Menü.

Wenn Sie eine begrenzte Anzahl von Lesezeichen häufig verwenden, ist die Lesezeichen-Symbolleiste praktisch. Es genügt ein einziger Klick, um auf Seiten zuzugreifen.

Wenn Sie mit Hunderten von Lesezeichen arbeiten, bietet die Lesezeichen-Sidebar den besten Überblick. Wie in einem Datei-Manager können Sie sich mehrere Ordner gleichzeitig anzeigen lassen und müssen sich nicht immer wieder durch eine komplexe Ordnerhierarchie hangeln, um auf Ihre säuberlich organisierten Lesezeichen zuzugreifen.

Die Lesezeichen von Firefox bieten neben den üblichen Standards einiges, was die Favoriten, Bookmarks und Lesezeichen anderer Browser nicht bieten: Live-Bookmarks, Schlüsselwörter, eine komfortable Lesezeichenverwaltung und einiges mehr. Gemeinsam mit dem Tabbed Browsing von Firefox können sie Ihnen Ihre Reise durchs Internet oft deutlich bequemer machen.

Lesezeichen anlegen und verwenden

Um ein Lesezeichen für die aktuelle Webseite zu erstellen, gehen Sie zu *Lesezeichen → Lesezeichen hinzufügen* oder drücken Sie *Strg-d*. Dann öffnet sich der Dialog *Lesezeichen hinzufügen*, den Sie in Abbildung 7-1 sehen.

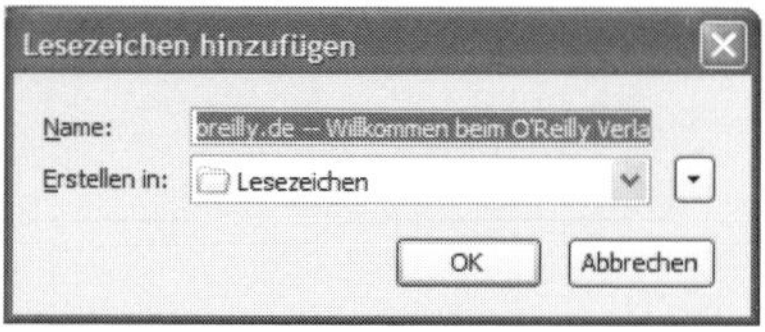

Abbildung 7-1: Der Dialog *Lesezeichen hinzufügen*: Klicken Sie auf *OK* oder drücken Sie *Enter*, um den Standardnamen (den Titel der Webseite) zu übernehmen und das Lesezeichen ans Ende Ihrer Lesezeichen-Liste anzuhängen.

Tipp: Nicht immer ist der Titel der Seite ein für ein Lesezeichen geeigneter Name. Insbesondere bei Suchergebnissen und Ähnlichem sollten Sie Ihren Lesezeichen eigene Namen geben.

Eine andere Möglichkeit zur Erstellung von Lesezeichen bietet das Kontextmenü für das Inhaltsfenster des Browsers. Wenn Sie im Browserfenster mit der rechten Maustaste auf die Webseite klicken, finden Sie die entsprechende Option *Lesezeichen für diese Seite hinzufügen* im zweiten Abschnitt des Kontextmenüs.

Tipp: Sie können nicht nur Lesezeichen für die aktuell geladene Webseite erstellen, sondern auch für die Links, die sich auf ihr befinden. Klicken Sie einfach mit der rechten Maustaste auf einen Link. Statt der Option *Lesezeichen für diese Seite hinzufügen* sehen Sie dann die Option *Lesezeichen für diesen Link hinzufügen*.

Auf die so erstellten Lesezeichen können Sie dann einfach wieder zugreifen, indem Sie zu *Lesezeichen* gehen und dort das entsprechende Lesezeichen auswählen.

Tipp: Standardmäßig werden Lesezeichen im aktuellen Tab des aktuellen Browserfensters geöffnet. Klicken Sie mit der mittleren Maustaste auf das Lesezeichen, um es in einem neuen Tab zu öffnen. Wenn Ihr Rechner keine mittlere Maustaste hat, halten Sie einfach die Shift-Taste gedrückt, während Sie mit der linken Maustaste auf das Lesezeichen klicken. Mit Strg-Klick können Sie die Seite auch in einem neuen Fenster öffnen. Diese drei Möglichkeiten stehen Ihnen zur Verfügung, egal ob Sie Menü, Symbolleiste oder Sidebar verwenden.

Lesezeichen organisieren

Wenn Sie alle Lesezeichen einfach so ablegen, wird Ihre Liste schnell unübersichtlich. Firefox bietet Ihnen die Möglichkeit, Ihre Lesezeichen in Ordnern zu organisieren. Dazu können Sie im Dialog *Lesezeichen hinzufügen* angeben, in welchem Ordner ein Lesezeichen angelegt werden soll. Wählen Sie einfach den gewünschten Ordner im Drop-down-Menü »Erstellen in« aus.

In diesem Drop-down-Menü steht Ihnen allerdings nur die oberste Ordnerschicht zur Verfügung. Wenn Sie das Lesezeichen in einem untergeordneten Ordner speichern oder einen neuen Ordner erstellen wollen, klicken Sie auf den Button mit dem schwarzen Dreieck rechts neben dem Drop-down-Menü. Dann wird der Dialog erweitert, wie Sie es in Abbildung 7-2 sehen.

Abbildung 7-2:
Über den erweiterten Dialog *Lesezeichen hinzufügen* können Sie die ganze Hierarchie der Lesezeichen-Ordner durchsuchen, um den Ordner auszuwählen, in dem Sie das neue Lesezeichen speichern wollen.

Machen Sie Folgendes, wenn das neue Lesezeichen in keine der vorhandenen Kategorien passt und Sie einen neuen Ordner erstellen wollen:

1. Wählen Sie den Ordner aus, in dem der neue Ordner erstellt werden soll. (Soll der neue Ordner in der obersten Ordnerebene erstellt werden, lassen Sie einfach den Ordner *Lesezeichen* markiert.)
2. Klicken Sie dann auf *Neuer Ordner*.
3. Geben Sie im Dialog *Einstellungen für "Neuer Ordner"* den gewünschten Namen und eventuell eine Beschreibung an.
4. Klicken Sie auf *OK*, um diesen Dialog zu beenden und zum Dialog *Lesezeichen hinzufügen* zurückzukehren.
5. Klicken Sie auf *OK*, um das neue Lesezeichen in den neuen Ordner einzufügen. (Der neue Ordner ist bereits ausgewählt.)

Alle Lesezeichen in einem Ordner öffnen

Die Lesezeichen-Ordner von Firefox sind mehr als einfache Container für Links zu Webseiten. Sie bieten auch eine einzigartige Funktionalität, um mit einem Klick auf alle in einem Lesezeichen-Ordner abgelegten Links zuzugreifen. Wählen Sie einfach unter den Lesezeichen die Option *in Tabs öffnen*. Firefox öffnet dann alle Lesezeichen in eigenen Tabs im aktuellen Fenster.

Hinweis: Wenn Sie dieses Feature verwenden, sollten Sie beachten, dass standardmäßig die aktuellen Tabs verwendet werden, um in ihnen die neuen Seiten zu öffnen. Sollen mehr Lesezeichen geöffnet werden, als Tabs vorhanden sind, werden zusätzlich neue Tabs geöffnet. Sollen weniger Lesezeichen geöffnet werden, als Tabs vorhanden sind, werden die überzähligen Tabs geschlossen. Wenn Sie im aktuellen Browserfenster Tabs mit Seiten geöffnet haben, die Sie noch benötigen, sollten Sie die Lesezeichen des Ordners in einem neuen Browserfenster öffnen.

Lesezeichen für mehrere Seiten erstellen

Sie sind seit drei Stunden im Internet auf der Informationsjagd, haben zwanzig Seiten geöffnet, mit denen Sie eventuell etwas anfangen könnten, und genau jetzt gibt Ihnen Ihr Hund schwanzwedelnd zu verstehen, dass er dringend einmal raus müsste. Was tun? Das Risiko in Kauf nehmen? Den Rechner einfach anlassen und wertvolle Online-Minuten verschwenden? Von Hand zwanzig Lesezeichen erstellen? Firefox bietet Ihnen eine bessere Möglichkeit.

Wenn Sie in einem Browserfenster mehrere Tabs geöffnet haben, können Sie mit einem einzigen Klick für alle in den Tabs geöffneten Seiten gleichzeitig Lesezeichen erstellen. Wählen Sie *Lesezeichen → Lesezeichen hinzufügen*, dann wie in Abbildung 7-3 die Option »Lesezeichen für alle Tabs in einem Ordner erstellen« und geben Sie im Feld »Name« einen Ordnernamen an.

Einfacher kann das Leben nicht sein. So können Sie alle Seiten mit einem einfachen Klick in einem Ordner speichern und sie später genauso einfach mit einem einzigen Klick auf *in Tabs öffnen* wiederherstellen.

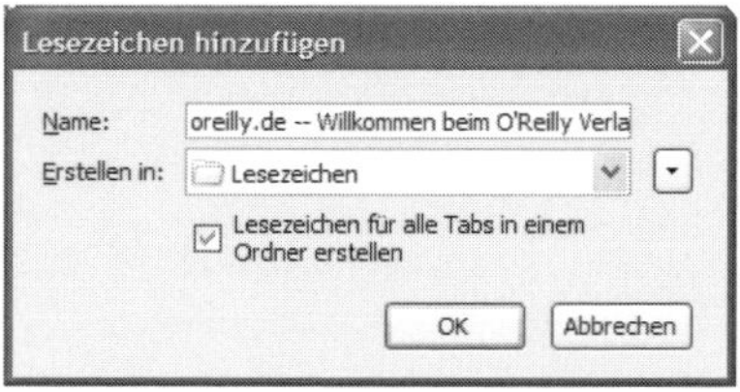

Abbildung 7-3:
Die Option »Lesezeichen für alle Tabs in einem Ordner erstellen« sehen Sie nur, wenn mehrere Tabs geöffnet sind. Ein Klick auf *OK* und schon erzeugt Firefox in einem neuen Ordner mit dem angegebenen Namen Lesezeichen für alle geöffneten Webseiten.

Dynamische Lesezeichen

Sie müssen immer auf dem Laufenden bleiben und greifen dazu immer wieder auf die Nachrichtensammlungen bestimmter Websites zurück? Dann haben Sie mit den Firefox-Lesezeichen genau das Werkzeug, das Sie benötigen – vorausgesetzt die entsprechenden Websites unterstützen die erforderliche Technik.

Die erforderliche Technik ist RSS (Really Simple Syndication oder auch Rich Site Summary). RSS ist eine XML-basierte Technologie, um in einem Standardformat Zusammenfassungen von Inhalten und Informationen über Inhalte zur Verfügung zu stellen. Sie ermöglicht es, Informationen so anzubieten, dass man leichter mit Software auf sie zugreifen kann. Viele Webseiten unterstützen RSS und Firefox kann Ihnen über seine dynamischen Lesezeichen Zugriff auf diese Informationen verschaffen.

Wenn Sie mit Firefox auf eine Seite gelangen, die einen RSS-Dienst bietet, sehen Sie unten rechts im Browserfenster das orangefarbene RSS-Symbol. Klicken Sie auf das Symbol und dann wie in Abbildung 7-4 auf die Option *RSS abonnieren*. Firefox legt dann ein dynamisches Lesezeichen für dieses Dokument an.

Ein dynamisches Lesezeichen ähnelt einem Ordner. Seine Inhalte sind allerdings keine statischen Lesezeichen, die Sie

Abbildung 7-4:

Wenn Sie unten rechts in der Statusleiste das RSS-Symbol sehen, bietet die aktuelle Website einen entsprechenden Dienst an.

von Hand angelegt haben, sondern die stetig wechselnden Titel der verschiedenen Informationen, die im entsprechenden RSS-Channel angeboten werden.

Sie müssen also nicht mehr zu Ihrer Nachrichtenseite gehen, um zu prüfen, ob bestimmte Informationen für Sie von Interesse sind. Ein Beispiel sehen Sie in Abbildung 7-5:

Abbildung 7-5:

Über ein dynamisches Lesezeichen RSS-Informationen abrufen: Prüfen Sie einfach anhand der Titel der dynamischen Lesezeichen, welche Beiträge für Sie interessant sein könnten, und rufen Sie diese dann über das entsprechende Lesezeichen auf.

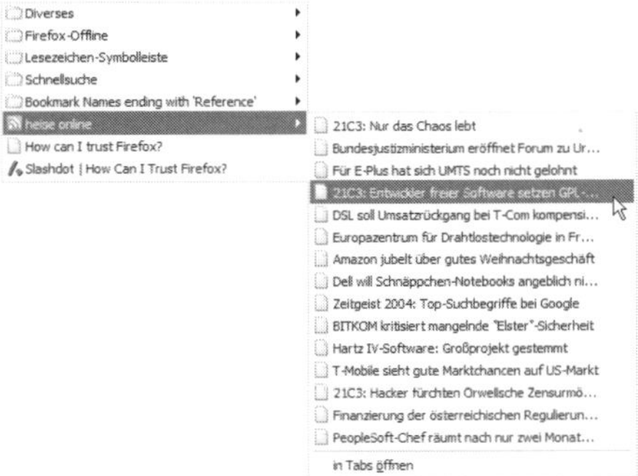

Tipp: Das RSS-Verzeichnis unter *www.rss-verzeichnis.de* bietet eine große Sammlung deutschsprachiger RSS-Channels. Firefox-Nutzer müssen sich nicht einmal zur entsprechenden Website begeben. Installieren Sie einfach von *http://www.rss-verzeichnis.de/plugins/firefox.htm* das entsprechende Plugin für die Firefox-Websuche. Wenn Sie RSS-Channels zu bestimmten Themen suchen, geben Sie einfach ein passendes Schlagwort in die Websuche ein.

Die Lesezeichen-Symbolleiste

Firefox bietet Ihnen außer dem Lesezeichen-Menü noch weitere Möglichkeiten, um mit Lesezeichen zu arbeiten. Die Lesezeichen-Symbolleiste ist eine davon. Sie ist eine besondere Symbolleiste, die unter den Standard-Symbolleisten (der Menüleiste und der Navigations-Symbolleiste) angezeigt wird. Über *Ansicht → Symbolleisten → Lesezeichen-Symbolleiste* können Sie sie ein- und ausblenden.

Über die Lesezeichen-Symbolleiste können Sie nicht auf alle Ihre Lesezeichen zugreifen, sondern nur auf die, die sich im besonderen Ordner *Lesezeichen-Symbolleiste* befinden. Sie ist praktisch, wenn Sie manche Seiten so oft verwenden, dass Sie sie gerne mit einem einzigen Klick verfügbar hätten. Speichern Sie die Lesezeichen für diese Seiten einfach im Ordner *Lesezeichen-Symbolleiste.* Dann erscheint in der Leiste ein Button für die entsprechende Seite, über den Sie sie unmittelbar aufrufen können.

Da die Lesezeichen-Symbolleiste selbst nichts anderes ist als ein spezialisierter Ordner – der Ordner, dessen Inhalt auch in dieser Leiste angezeigt wird –, kann sie selbst natürlich auch Ordner mit Lesezeichen enthalten. Wenn Sie in der Lesezeichen-Symbolleiste auf den Button für einen Ordner klicken, wird der Ordner aufgeklappt, und Sie können auf die darin enthaltenen Lesezeichen zugreifen.

Die Lesezeichen-Sidebar

Sie können sich Ihre Lesezeichen wie die Chronik auch in der Sidebar anzeigen lassen. Die in Abbildung 7-6 zu sehende Lesezeichen-Sidebar schalten Sie über *Ansicht → Sidebar → Lesezeichen* oder *Strg-b* ein und aus.

Die Lesezeichen-Sidebar bietet die beste Möglichkeit, um mit Lesezeichen-Ordnern zu arbeiten. Mit einem Klick auf das Plus- bzw. Minuszeichen können Sie den Inhalt von Ordnern anzeigen oder ausblenden. Anders als beim Menü und der Symbolleiste bleibt die Ordnerhierarchie geöffnet, wenn Sie sie nicht ausdrücklich wieder schließen. Dadurch können Sie leicht auf Lesezeichen zugreifen, die weit unten in Ihrer Ordnerhierarchie abgelegt sind.

Abbildung 7-6:
In der Lesezeichen-Sidebar werden Ihre Lesezeichen in einer übersichtlichen Baumstruktur dargestellt, deren einzelne Knoten Sie je nach Bedarf expandieren oder zusammenklappen können, um auf untergeordnete Elemente zuzugreifen bzw. um nicht benötigte Ebenen auszublenden.

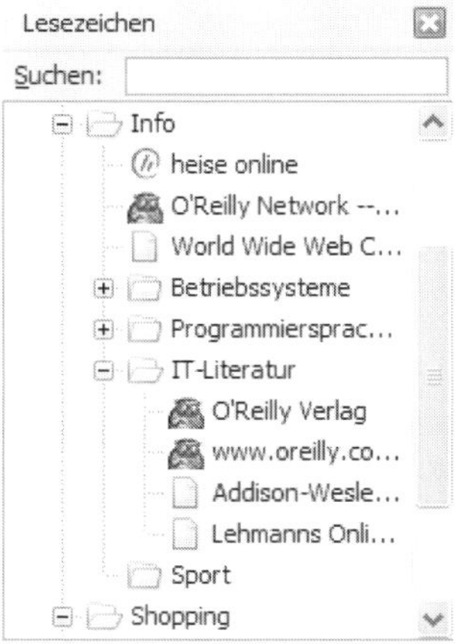

In der Sidebar nach Lesezeichen suchen

Beim Zugriff auf die vorhandenen Lesezeichen bietet Ihnen die Lesezeichen-Sidebar außerdem ein Feature, das Menü und Symbolleiste nicht aufweisen: In der Lesezeichen-Sidebar können Sie auch nach Lesezeichen suchen.

Das entsprechende Suchen-Feld sehen Sie oben in der Sidebar. Wenn Sie dort eine Zeichenfolge eingeben, verwendet Firefox diese als Filter und zeigt nur noch die Lesezeichen aus der Lesezeichenliste, deren Name die angegebene Zeichenfolge enthält. Dieses Hilfsmittel werden Sie zu schätzen lernen, wenn Ihre Lesezeichenliste länger und länger wird oder wenn Sie Probleme haben, ein Lesezeichen in Ihrer Ordnerhierarchie wiederzufinden.

Hinweis: Wenn Sie die Suchfunktion verwenden, können Sie nicht mehr sehen, in welchem Ordner sich die gefundenen Lesezeichen befinden. Sie können auch nicht nach Ordnern suchen. Außerdem stehen Ihnen auch die Bearbeitungsfunktionen des Kontextmenüs nicht mehr zur Verfügung. Beenden Sie zuerst die Suche, indem Sie den Text im Feld »Suchen« löschen.

Drag-and-Drop mit Lesezeichen

Sie finden es recht umständlich, ins Lesezeichen-Menü zu gehen, dort *Lesezeichen hinzufügen* anzuklicken, den Ordner *Lesezeichen-Symbolleiste* auszuwählen und den ganzen Vorgang dann noch mit *OK* absegnen zu müssen, nur um ein simples Suchergebnis vorübergehend in der Lesezeichen-Symbolleiste zu speichern? Kein Problem. Firefox bietet Ihnen einen bequemeren Weg, um mit Lesezeichen zu arbeiten: Drag-and-Drop.

Lesezeichen erstellen

Klicken Sie einfach auf das Objekt, für das Sie ein Lesezeichen in der Symbolleiste anlegen wollen, und ziehen Sie es an die Stelle der Symbolleiste, an der das Lesezeichen eingefügt werden soll. Schon wird dort ein Button erzeugt, mit dem Sie so schnell auf die Seite zugreifen können, wie Sie ihn angelegt haben.

Das Objekt, auf das Sie klicken müssen, um ein Lesezeichen für eine Webseite zu erstellen, ist nicht der angezeigte Inhalt der Seite, sondern das Symbol für die Webseite links neben der Adresse der Webseite in der Adressleiste. Klicken Sie auf dieses Symbol, ziehen Sie es auf die Lesezeichen-Symbolleiste und lassen Sie es an einem freien Platz fallen, um dort ein Lesezeichen für die Webseite anzulegen.

Auf diese Weise können Sie nicht nur Lesezeichen für die aktuelle Webseite anlegen, sondern auch für Links auf der aktuellen Webseite. Klicken Sie auf den Link, ziehen Sie ihn dorthin, wo Sie ihn haben wollen, und lassen Sie ihn fallen.

Sie können Lesezeichen auf diese Weise nicht nur über die Symbolleiste erzeugen, sondern dazu auch das Menü oder die Sidebar verwenden. Firefox macht es Ihnen leicht, festzustellen, an welchem Ort Sie ein Lesezeichen ablegen können. Sie erkennen es daran, dass unter Ihrem Mauszeiger ein nicht ausgefülltes Rechteck angezeigt wird. Im Menü bzw. in der Sidebar markiert ein waagerechter Strich die Stelle, an der das Lesezeichen eingefügt werden würde. Wenn Sie Ihren Mauszeiger in einen Bereich bewegen, in dem keine Lesezeichen abgelegt werden können, sehen Sie statt des Mauszeigers einen durchgestrichenen schwarzen Kreis.

Wollen Sie Ihre Lesezeichen in einem Ordner ablegen, müssen Sie das Symbol für die Webseite über den Ordner ziehen. Warten Sie, bis er aufgeklappt wird, und fügen Sie es dann dort zwischen den anderen Lesezeichen ein. Am einfachsten ist das, wenn Sie die Sidebar verwenden. Haben Sie den Pfad zu einem Ordner einmal geöffnet, bleibt er offen, und Sie können weitere Lesezeichen direkt an der gewünschten Stelle einfügen.

Hinweis: Wenn Sie gerade die Suchfunktion der Sidebar verwenden, ist es nicht möglich, das Lesezeichen in die Sidebar einzufügen. Sie müssen entweder die Suche vorher beenden, indem Sie den Text im Suchen-Feld entfernen, oder zum Einfügen die Symbolleiste oder das Menü verwenden.

Lesezeichen verschieben

Bereits angelegte Lesezeichen können Sie ebenfalls per Drag-and-Drop bearbeiten. Egal ob Sie das Menü, die Symbolleiste oder die Sidebar verwenden, Sie können jederzeit Lesezeichen an eine andere Stelle ziehen, um Ordnung in Ihrer Lesezeichen-Sammlung zu schaffen. Klicken Sie einfach auf das Lesezeichen und ziehen Sie es bei gedrückter Maustaste, wie oben erklärt, an die Stelle, an der Sie es haben wollen.

Tipp: Sie können Lesezeichen per Drag-and-Drop auch kopieren. Drücken Sie beim Ziehen des Lesezeichens einfach die Strg-Taste. Dann verwandelt sich das Rechteck unter dem Mauszeiger in ein Pluszeichen, das Ihnen anzeigt, dass eine Kopie des entsprechenden Objekts erstellt wird.

Sie können Lesezeichen von einem Ordner des Lesezeichen-Menüs in einen anderen verschieben. Sie können sie aber auch genauso gut von einem Ordner in der Sidebar auf die Lesezeichen-Symbolleiste ziehen usw.

Tipp: Wenn Sie ein Lesezeichen in das Inhaltsfenster oder die Adressleiste ziehen, wird die entsprechende Seite geöffnet.

Lesezeichen-Funktionen

Ihnen stehen noch weitere Möglichkeiten zur Verfügung, um mit Lesezeichen zu arbeiten. Diese werden aber nicht in einem der Menüs angezeigt, sondern sind im Lesezeichen-Kontextmenü verborgen. Dieses rufen Sie auf, indem Sie mit der rechten Maustaste in einen Lesezeichen-Kontext klicken, d.h. wenn sich Ihr Mauszeiger in Lesezeichen-Symbolleiste, -Menü oder -Sidebar befindet. Dann wird Ihnen jeweils das lesezeichenspezifische Kontextmenü angezeigt, das Sie in Abbildung 7-7 sehen.

Sie können nun das entsprechende Lesezeichen normal, in einem neuen Tab oder in einem neuen Fenster öffnen. Vielleicht ziehen Sie diese Möglichkeit vor, wenn Sie nicht über eine mittlere Maustaste verfügen. Wenn Sie diese drei Optionen nicht sehen, haben Sie das Lesezeichen-Kontextmenü auf einem Lesezeichen-Ordner aufgerufen. Dann haben Sie hier die Möglichkeit, den Ordner aufzuklappen bzw. einzuklappen, ihn in Tabs zu öffnen oder zu verwalten. Wenn Sie auf *Ordner verwalten* klicken, wird für diesen Ordner der Lesezeichen-Manager aufgerufen. Dieser wird weiter unten in diesem Kapitel behandelt.

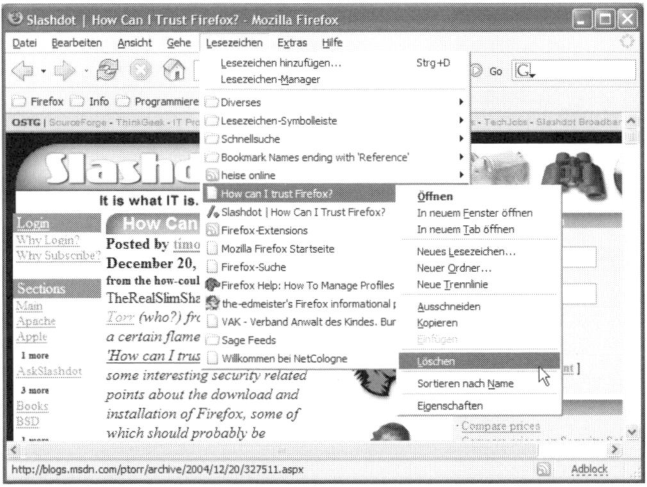

Abbildung 7-7:

Das Kontextmenü bietet Ihnen eine Reihe von Optionen für die Arbeit mit Lesezeichen. Ein ähnliches Menü sehen Sie, wenn Sie mit der rechten Maustaste auf einen Lesezeichen-Ordner klicken.

Außerdem stehen Ihnen einige Funktionen zur Verwaltung von Lesezeichen zur Verfügung. Sie können Lesezeichen und Ordner kopieren, ausschneiden und löschen oder zuvor ausgeschnittene Lesezeichen oder Ordner an einer neuen Stelle wieder einfügen. Sie können neue Ordner anlegen oder Trennlinien zwischen Lesezeichen oder Ordnern einfügen. Gemeinsam mit den Drag-and-Drop-Möglichkeiten bieten diese Funktionen eine einfache Verwaltung von Lesezeichen.

Tipp: In der Lesezeichen-Sidebar stehen Ihnen auch die üblichen Tastenkombinationen zum Kopieren, Ausschneiden und Einfügen (Strg-c, Strg-x und Strg-v) zur Verfügung. Löschen können Sie Lesezeichen dort mit Shift-Entf.

Praktisch ist auch die Möglichkeit, Lesezeichen über den Namen zu sortieren. Erinnern Sie sich an diese Funktion, wenn Sie den Überblick über Ihre Lesezeichen verlieren.

Lesezeichen-Eigenschaften

Über das Lesezeichen-Kontextmenü können Sie außerdem noch den Eigenschaften-Dialog für das markierte Lesezeichen oder den markierten Ordner aufrufen. Im in Abbildung 7-8 zu sehenden Eigenschaften-Dialog für ein Lesezeichen können Sie Namen, Adresse, Schlüsselwort und Beschreibung für das markierte Lesezeichen einsehen und bearbeiten. Bei einem Ordner sehen Sie nur den Namen und die Beschreibung.

Abbildung 7-8:
Der Eigenschaften-Dialog für Lesezeichen ist nützlich, um nachträglich den Standardnamen zu ändern, Beschreibungen anzugeben oder um die Adresse zu einem Lesezeichen zu ändern, wenn Sie wissen, dass die Adresse, die Sie gespeichert haben, nicht mehr aktuell ist.

Einen leeren Eigenschaften-Dialog öffnen Sie, indem Sie im Kontextmenü auf *Neues Lesezeichen* klicken. Auf diese Weise können Sie ein Lesezeichen definieren, dessen Adresse Sie selbst angeben müssen.

Lesezeichen in der Sidebar laden

Unten im Eigenschaften-Dialog finden Sie die Option »Dieses Lesezeichen in der Sidebar laden«. Wenn Sie diese Option auswählen, wird die entsprechende Webseite nicht im normalen Browserfenster, sondern in der Sidebar angezeigt.

Das ist beispielsweise bei Suchergebnissen praktisch. Sie müssen nicht immer zu der Seite mit den Suchergebnissen zurücknavigieren, sondern haben sie stets präsent neben dem aufgerufenen Suchergebnis im Inhaltsfenster des Browsers.

Abbildung 7-9:
Wenn Sie Google in der Sidebar laden, bleiben Ihre Suchergebnisse immer sichtbar.

Diese Option eignet sich nicht für alle Webseiten. Komplexere Webseiten lassen sich auf dem engen Raum, der in der Sidebar zur Verfügung steht, nur schlecht vernünftig darstellen. Sie ist eher für einfachere Webseiten geeignet, die Sie zum Vergleich heranziehen wollen, oder für Link-Sammlungen, die Sie bei Recherchen zu einem Thema als Ausgangspunkt verwenden.

Schlüsselwörter

Eins der Highlights von Firefox sind Schlüsselwörter. Sie ermöglichen es, Lesezeichen über die Adressleiste aufzurufen. Wenn Sie Ihre Programme am liebsten komplett über die Tastatur steuern, dann ist dies das Feature, nach dem Sie immer gesucht haben.

Wenn man seine Programme größtenteils über die Tastatur steuert, ist es oft umständlich, mit der Maus im Lesezeichen-Menü nach einem Lesezeichen zu suchen. Ist eine Webadresse nicht sonderlich lang, geht es in der Regel schneller, wenn man sich mit *Strg-l* in die Adressleiste begibt und dort die Adresse eintippt – vorausgesetzt, man hat ein gutes Gedächtnis und vertippt sich nicht ständig.

Mit einem Schlüsselwort geht die Sache viel einfacher:

1. Rufen Sie beispielsweise den Eigenschaften-Dialog für Ihr Lesezeichen zur Neuerscheinungen-Seite von O'Reilly auf. Die Adresse ist *http://www.oreilly.de/catalog/neu_komplett.html* – eigentlich schon zu lang, um sie jedes Mal von Hand einzugeben.
2. Geben Sie im Feld »Schlüsselwort« ein Schlüsselwort an, das kurz, aber signifikant ist. Meins ist »oran«.
3. Klicken Sie auf *OK*. Damit haben Sie ein Schlüsselwort für das Lesezeichen eingerichtet.

Wenn Sie jetzt in der Adressleiste »oran« eingeben, haben Sie die Neuerscheinungen-Seite von O'Reilly sicher schneller auf Ihrem Bildschirm, als wenn Sie sich erst durch die Ordnerhierarchie *Lesezeichen* → *Shopping* → *Literatur* → *IT* zum entsprechenden Lesezeichen durchhangeln müssen.

Hinweis: Bei der Definition von Schlüsselwörtern müssen Sie darauf achten, dass Sie nicht aus Versehen ein Schlüsselwort mehrfach verwenden. Die zweite Definition überschreibt die erste, und die entsprechende Webseite ist dann nicht mehr über das Schlüsselwort erreichbar. Leider weist Firefox Sie bei der Definition des Schlüsselworts nicht darauf hin, wenn dieses bereits verwendet wird.

Mit Schlüsselwörtern suchen

Mit Hilfe von Schlüsselwörtern haben Sie auch die Möglichkeit, aus der Adressleiste heraus Suchmaschinen oder die

Suchfunktionen von Webseiten zu verwenden. Schlüsselwörter bieten so eine Alternative zur Websuche.

Dazu müssen Sie Firefox bei der Definition des Schlüsselworts mitteilen, wie eine Webadresse aussehen muss, mit der eine Anfrage an eine Suchmaschine durchgeführt wird. Dabei müssen Sie angeben, an welcher Stelle der Adresse der Suchparameter eingefügt werden soll, den Sie nach dem Schlüsselwort eingeben.

»http://www.google.de/search?q=%s« wäre beispielsweise die einfachste Definition zur Durchführung einer Google-Suche. »http://www.google.de/search« ist dabei die Adresse, an die die Anfrage gerichtet wird. Das Fragezeichen gibt an, dass danach Parameter folgen, die der Seite übergeben werden. »q=%s« ist der erforderliche Suchparameter, wobei »%s« der Platzhalter für den Suchbegriff ist.

Wenn Sie für dieses Lesezeichen das Schlüsselwort »go« definiert haben, fordern Sie mit der Eingabe »go firefox« die Webadresse »http://www.google.de/search?q=firefox« an. Google liefert Ihnen dann die erste Ergebnisseite zur Suche nach dem Begriff »firefox«.

Da die Definition dieser Webadressen eine ziemlich komplexe Sache ist, bietet Firefox eine Einrichtung, die Ihnen diese Arbeit abnimmt:

1. Klicken Sie dazu mit der rechten Maustaste in ein beliebiges Suchfeld, auf das Sie im Web stoßen.
2. Wählen Sie dann im Kontextmenü wie in Abbildung 7-10 *Ein Schlüsselwort für diese Suche hinzufügen*.
3. Geben Sie im Dialog *Lesezeichen hinzufügen* wie in Abbildung 7-11 einen Namen und ein Schlüsselwort ein, und wählen Sie gegebenenfalls einen Ordner aus. (Die Eingabe eines Namens ist hier erforderlich. Anders als beim Erzeugen einfacher Lesezeichen verwendet Firefox hier nicht einfach den Namen der Webseite.)
4. Klicken Sie auf *OK*.

Abbildung 7-10:

Rufen Sie das Kontextmenü über einem Suchfeld auf, haben Sie die Möglichkeit, ein Schlüsselwort für die entsprechende Suche zu definieren.

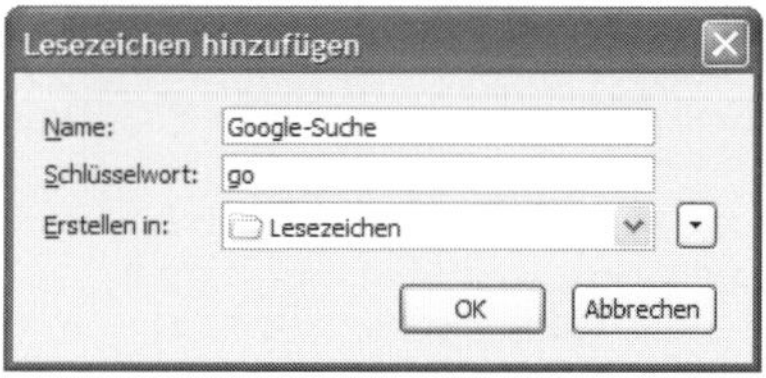

Abbildung 7-11:

Mit dem Dialog *Lesezeichen hinzufügen* lassen sich auch Schlüsselwörter definieren.

Mit dem neu definierten Schlüsselwort können Sie auf die gleiche Weise über die Adressleiste suchen wie mit demjenigen, das wir oben von Hand definiert haben. Wenn Sie in den Eigenschaften für das entsprechende Lesezeichen einen Blick auf die von Firefox generierte Webadresse werfen, werden Sie feststellen, dass diese deutlich komplexer ist als die Webadresse, die wir manuell aufgebaut haben.

Lesezeichen verwalten

Drag-and-Drop und die Funktionen des Kontextmenüs bieten Ihnen einfache Möglichkeiten, um Ihre Lesezeichen zu verwalten. Mehr Komfort bietet der in Abbildung 7-12 zu sehende Lesezeichen-Manager von Firefox, den Sie mit *Lesezeichen → Lesezeichen-Manager* aufrufen.

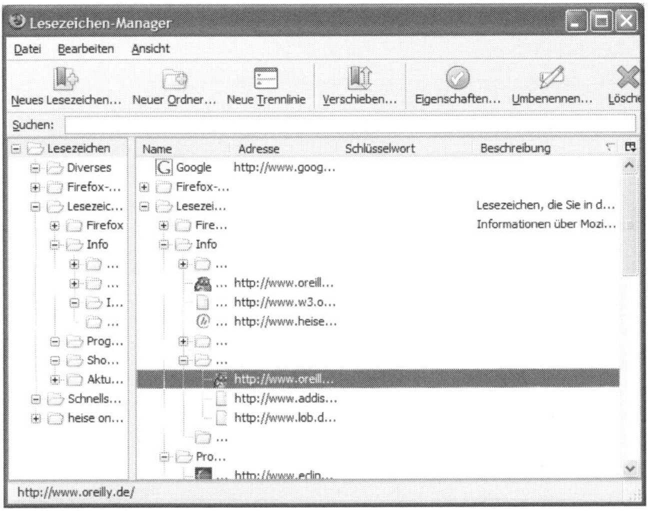

Abbildung 7-12:
Im Lesezeichen-Manager können Sie Ihre Lesezeichen bequem verwalten.

Die Funktionen, die der Lesezeichen-Manager bietet, sind im Prinzip mit denen identisch, die das Kontextmenü bietet. Aber die Darstellung im Lesezeichen-Manager ist wesentlich übersichtlicher. Sie können im linken Fenster einzelne Ordner auswählen und sehen im Hauptfenster die darin enthaltenen Lesezeichen und Ordner.

Zusätzlich zum Namen werden Ihnen dort standardmäßig noch die Adresse, ein eventuelles Schlüsselwort und eine eventuelle Beschreibung angezeigt. Über *Ansicht → Spalten* können Sie festlegen, welche Informationen Sie sehen wollen. Neben *Name*, *Adresse*, *Schlüsselwort* und *Beschreibung* stehen noch die Datumsinformationen *Hinzugefügt*, *Zuletzt geändert* und *Zuletzt besucht* zur Auswahl.

Außerdem können Sie im *Ansicht*-Menü unter einer Reihe von Sortierungen auswählen. Hier werden Ihnen weit mehr Möglichkeiten geboten als das einfache Sortieren über den Namen des Kontextmenüs. Wenn Sie mit vielen Lesezeichen arbeiten, kann die Option »Sortiert nach zuletzt besucht« interessant sein. Mit ihr können Sie die Webseiten ermitteln, die Sie schon lange nicht mehr besucht haben, und diese dann aus Ihrer Lesezeichen-Liste löschen.

Hinweis: Die Sortierung, die Sie hier auswählen, wird später auch verwendet, wenn Sie eine der Lesezeicheneinrichtungen des Browsers verwenden.

Zum Filtern der Lesezeichen können Sie auch im Lesezeichen-Manager die aus der Sidebar bekannte Suchfunktion verwenden.

Hinweis: Wie in der Sidebar sind auch hier seltsamerweise die meisten Bearbeitungsfunktionen deaktiviert, wenn Lesezeichen über eine Suche gefiltert werden. Sie können im Suchmodus keine Lesezeichen kopieren oder ausschneiden, und es ist auch nicht möglich, den Eigenschaften-Dialog aufzurufen, um beispielsweise Namen zu ändern.

Die Bearbeitungsfunktionen entsprechen denen, die das Kontextmenü bietet. Ein Unterschied ist, dass im Lesezeichen-Manager zum Löschen ein einfaches *Entf* ausreicht, während in der Lesezeichen-Sidebar *Shift-Entf* erforderlich ist.

Lesezeichen exportieren bzw. importieren

Firefox bietet Ihnen die Möglichkeit, Lesezeichen zu importieren oder Ihre Firefox-Lesezeichen zu exportieren. Beide

Funktionen sind über das *Datei*-Menü des Lesezeichen-Managers verfügbar.

Mit *Datei → Exportieren* können Sie Ihre Lesezeichen in einer Datei im HTML-Format speichern. Dieses Format wird von Firefox, Mozilla und allen anderen Mozilla-basierten Browsern unterstützt. Sie können diese Funktion nutzen, um Ihre Lesezeichen zu sichern oder um sie auf diese Weise in anderen Browsern oder anderen Firefox-Installationen auf anderen Rechnern zu verwenden.

Der in Abbildung 7-13 zu sehende Import-Assistent, den Sie über *Datei → Importieren* aufrufen, bietet Ihnen verschiedene Möglichkeiten, um Lesezeichen aus anderen Browsern oder gespeicherte Lesezeichen zu importieren.

Abbildung 7-13:
Über den Import-Dialog können Sie Lesezeichen aus Internet Explorer, einem neueren Mozilla-Browser (Netscape 6/7 und Mozilla 1.x) oder einem anderen unterstützten Browser importieren.

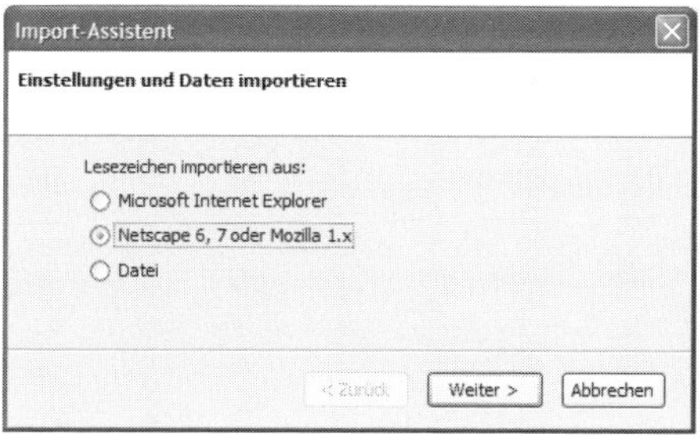

Sie können Lesezeichen aus einem installierten Browser übernehmen oder aus einer Datei importieren, in der Lesezeichen in einem HTML-Format gespeichert sind, wie es die Export-Funktion von Firefox erzeugt.

Die erste Funktion ist nützlich, wenn Sie bisher mit einem der unterstützten Browser gearbeitet haben und nur Ihre alten Lesezeichen in Firefox weiterverwenden möchten. Wenn Sie auch die alten Einstellungen, Passwörter, Chronik usw. aus Ihrem alten Browser übernehmen wollen, sollten Sie stattdessen die *Datei → Importieren*-Funktion des Browsers verwenden, die in Anhang A, *Installation und Aktualisierung*, beschrieben wird.

Die letzte Funktion können Sie einsetzen, wenn Sie Ihre Lesezeichen auf verschiedenen Systemen verwenden wollen und dazu Ihre Lesezeichen auf dem Basis-System aus Firefox exportiert haben.

SPRECHSTUNDE FÜR POWER USER

Lesezeichen mit anderen Browsern austauschen

Verschiedene Browser verwenden unterschiedliche Formate zum Speichern von Lesezeichen. Deswegen ist der Austausch mit anderen Browsern nicht immer problemlos möglich.

Wenn Sie zuvor mit Galeon oder Konqueror gearbeitet haben, können Sie Ihre Lesezeichen im Netscape/Mozilla-Format exportieren, das von Firefox verwendet wird, obwohl beide Browser intern ein anderes Format verwenden. Wenn Sie mit Opera gearbeitet haben oder Ihre Firefox-Lesezeichen in Galeon oder Konqueror importieren wollen, dann können Sie Ihre Lesezeichen mit Hilfe der Programme BookmarkPriest (Windows) oder bk_edit (Linux, Unix) konvertieren.

Der Internet Explorer verwendet ein ähnliches HTML-Format wie Firefox, und der Import von Lesezeichen-Dateien, die aus dem IE exportiert wurden, verläuft problemlos. Aber wenn Sie Ihre mit Firefox gespeicherten Lesezeichen in den IE importieren wollen, haben Sie das Problem, dass der IE mit einigen der von Firefox exportierten Informationen nichts anfangen kann. Deswegen ignoriert der IE alle Lesezeichen, die solche zusätzlichen Informationen wie z.B. Schlüsselwörter enthalten. Alle anderen Lesezeichen werden ohne Probleme übernommen.

Die Lesezeichen-Symbolleiste festlegen

Firefox bietet Ihnen die Möglichkeit, selbst den Lesezeichen-Ordner festzulegen, dessen Inhalt in der Lesezeichen-Symbolleiste angezeigt wird. Markieren Sie dazu im Lesezeichen-Manager einen Lesezeichenordner und wählen Sie dann *Bearbeiten →Als Ordner "Lesezeichen-Symbolleiste" festlegen*.

Im Allgemeinen ist eher davon abzuraten, diesen Ordner häufig zu wechseln. Sonst muss man jedes Mal, wenn man ein neues Lesezeichen speichert, überlegen, in welchem Ordner man es speichern soll, wenn es in der Lesezeichen-Symbolleiste angezeigt werden soll. Vielleicht kann es nützlich sein, wenn Sie Ihren Browser bei verschiedenen Aufgaben verwenden, für die Sie unterschiedliche Sätze von Lesezeichen schnell verfügbar haben wollen.

Kapitel

8 Was Websites dürfen

Das Web soll ein Vergnügen sein. Seiten müssen nicht nur informativ sein, sondern auch ansprechend, interaktiv, bunt und abwechslungsreich. Manche Webdesigner übertreiben es und gestalten ihre Webseiten eher aufdringlich. Nervende

AUF TOUREN KOMMEN

Konfigurieren kann einfach sein

Wenn Sie bisher mit Microsofts Internet Explorer gearbeitet haben und nicht gerade ein Internet-Experte sind, stehen Ihnen jetzt vielleicht schon die Schweißperlen auf der Stirn. Die meisten Anwender haben bei den berüchtigt unübersichtlichen und unverständlichen Einstellungsoptionen des IE resigniert. Bei Firefox sind diese Bedenken unbegründet.

Die Einstellungsmöglichkeiten, die Firefox Ihnen bietet, sind übersichtlich und leicht verständlich. Dadurch wird auch das Risiko geringer, dass Sie bei der Anpassung von Einstellungen genau das Gegenteil von dem erreichen, was Sie beabsichtigt hatten.

Eine wesentliche Vereinfachung ist, dass Firefox auf das komplizierte Zonenmodell des IE verzichtet. Bei bestimmten Funktionen ist es zwar möglich, Ausnahmen für einzelne Websites zu definieren, aber in der Regel gelten bei Firefox alle Einstellungen für alle Webseiten. Das kann gelegentlich auch unbequem sein.

Wenn Sie für manche Webseiten (z.B. die in einem lokalen Intranet) gern andere Einstellungen verwenden wollen als die, mit denen Sie üblicherweise im Web unterwegs sind, gibt es allerdings einen Ausweg: Arbeiten Sie mit Profilen. Definieren Sie ein – restriktives – Webprofil und ein – toleranteres – lokales Profil, und nutzen Sie diese dann für die jeweiligen Webseiten. Mehr zu Profilen erfahren Sie in Kapitel 11, *Benutzerprofile*.

Pop-ups verdecken die Inhalte, die Sie eigentlich sehen wollten, Pop-unders öffnen Seiten auf Ihrem Rechner, ohne dass Sie davon etwas mitbekommen, Cookies speichern Informationen, die Sie lieber nicht preisgeben wollen, usw. Und viele dieser und ähnlicher Techniken werden auch genutzt, um Sie in Fallen zu locken, um Ihnen irgendeinen Müll aufzuschwatzen oder um Ihren Rechner mit einem Virus zu infizieren.

Firefox bietet Ihnen verschiedene Möglichkeiten, dem einen Riegel vorzuschieben. Dadurch wird das Web mit Firefox wieder zu einem größeren und sichereren Vergnügen. Die entsprechenden Einstellungsoptionen von Firefox werden wir uns in diesem Kapitel ansehen.

Pop-ups

Pop-ups sind diese freundlichen kleinen Fenster, die viele Webseiten öffnen, obwohl Sie nie darum gebeten haben. Sie versprechen Ihnen ungeahnte Reichtümer oder wollen Ihnen irgendetwas anbieten, was Sie nie haben wollten. Firefox bietet eine einfache Einrichtung, um solchen Praktiken endgültig den Garaus zu machen: Er besitzt einen eingebauten Pop-up-Blocker.

Standardmäßig bekommen Sie keine Pop-ups zu sehen. Firefox blockiert alle Versuche, Pop-up-Fenster zu öffnen. Stattdessen blendet er wie in Abbildung 8-1 oben im Browserfenster eine graue Leiste ein.

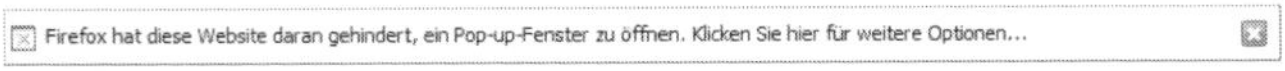
Firefox hat diese Website daran gehindert, ein Pop-up-Fenster zu öffnen. Klicken Sie hier für weitere Optionen...

Abbildung 8-1:
Mit der Informationsleiste teilt Firefox Ihnen mit, dass er ein Pop-up geblockt hat.

Pop-up-Optionen

Wenn Sie mehr über das geblockte Pop-up erfahren wollen oder Pop-ups von der aktuellen Website gerne sehen möchten, klicken Sie einfach in diese Leiste. Dann wird ein Menü geöffnet, in dem Sie die in Abbildung 8-2 zu sehenden Optionen finden:

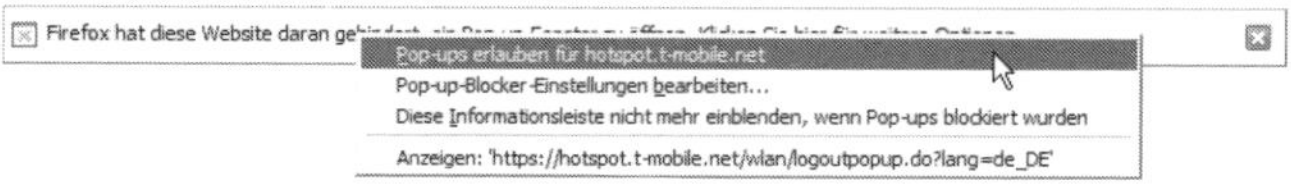

Abbildung 8-2:
Die Optionen der Informationsleiste.

- **Pop-ups erlauben für:** Pop-ups von dieser Website werden künftig eingeblendet.
- **Pop-up-Blocker-Einstellungen bearbeiten:** Öffnet den Dialog *Berechtigte Websites*, der weiter unten in diesem Abschnitt beschrieben wird.
- **Diese Informationsleiste nicht mehr einblenden, wenn Pop-ups blockiert wurden:** Wenn Sie diese Option wählen, wird die Informationsleiste künftig nicht mehr angezeigt, wenn Pop-ups geblockt werden.
- **Anzeigen:** Zeigt das aktuell geblockte Pop-up an, ohne Pop-ups von der aktuellen Website zukünftig freizugeben. Hinter dem Doppelpunkt sehen Sie die Adresse des Pop-ups, das die Webseite öffnen wollte. Sie können also genau sehen, woher es stammt.

Den Pop-up-Blocker konfigurieren

Leider gibt es auch Webseiten, die Pop-up-Fenster zu »legitimen« Zwecken verwenden, beispielsweise um Ihnen zusätzliche Informationen zu liefern. Da Firefox keine Möglichkeit hat, das zu unterscheiden, werden natürlich auch diese Pop-ups geblockt.

Im *Web-Features*-Bereich des Einstellungen-Dialogs, den Sie in Abbildung 8-3 sehen, haben Sie deswegen die Möglichkeit, das Verhalten des Pop-up-Blockers zu steuern.

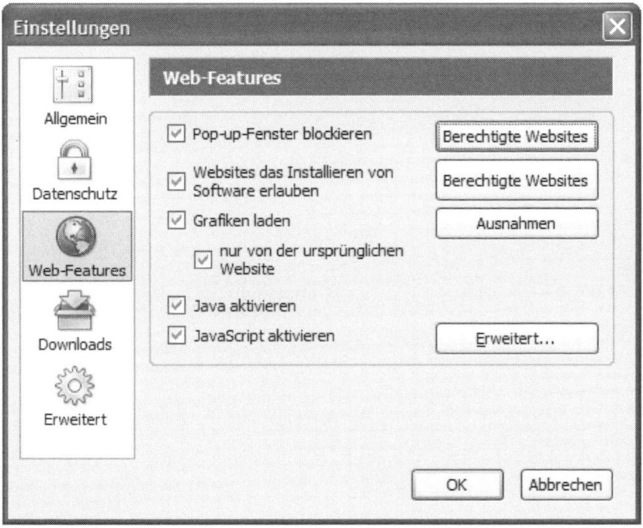

Abbildung 8-3:
Im *Web-Features*-Abschnitt des Einstellungen-Dialogs befinden sich Optionen zur Konfiguration des Pop-up-Blockers, des Ladens von Grafiken usw.

Wenn Sie zu den Menschen gehören, die nichts verpassen wollen, können Sie den Pop-up-Blocker hier komplett abschalten, indem Sie das Häkchen vor »Pop-up-Fenster blockieren« entfernen. Wenn Sie für einzelne Websites Ausnahmen definieren wollen, klicken Sie auf den Button *Berechtigte Websites* dahinter. Dieser Button ist nur aktiviert, wenn Pop-ups allgemein geblockt werden. Dann wird der Dialog geöffnet, den Sie in Abbildung 8-4 sehen.

Abbildung 8-4:
Im Dialog *Berechtigte Websites* können Sie Ausnahmen für den Pop-Up-Blocker definieren. Wenn Sie im Menü der Informationsleiste »Pop-ups erlauben für« wählen, wird automatisch eine Ausnahme für die entsprechende Website in dieser Liste registriert.

Geben Sie im Dialog *Berechtigte Websites* im Textfeld »Adresse der Website« die Adresse der Website an, die Popups öffnen darf. Klicken Sie dann auf den *Erlauben*-Button, um diese Website zu der Liste hinzuzufügen.

Manuell und über das Kontextmenü definierte Ausnahmen können Sie jederzeit über die Buttons *Website entfernen* und *Alle Websites entfernen* aufheben.

Grafiken blockieren

Webseiten werden immer komplexer. Hauptverantwortlich dafür sind Grafiken – insbesondere Werbebanner – und komplexe Webanwendungen. Firefox bietet einige Möglichkeiten, um das Datenvolumen zu reduzieren, das auf Ihren Rechner übertragen werden muss, um eine Seite darzustellen.

Im *Web-Features*-Abschnitt der Einstellungen geben Sie mit dem Häkchen bei »Grafiken laden« an, ob Grafiken generell geladen werden sollen oder nicht.

Wenn Grafiken generell nicht geladen werden, sehen Sie natürlich ein viel spartanischeres Web. Es kann auch sein, dass Ihnen dadurch wesentliche Informationen verloren gehen. Andererseits werden Sie mit Unmengen an Werbemüll belästigt, wenn Sie Grafiken generell erlauben. Glücklicherweise bietet Firefox Ihnen im Unterschied zu anderen Browsern einige Möglichkeiten, das Verhalten bezüglich Grafiken detaillierter zu steuern.

Bestimmte Grafiken blockieren

Um bestimmte Typen von Grafiken zu blockieren, gibt es die Option »nur von der ursprünglichen Website«, die nur verfügbar ist, wenn Grafiken generell geladen werden. Sie sorgt dafür, dass nur noch Grafiken geladen werden, die von der gleichen Website stammen wie die aktuelle Webseite. Bei Grafiken, die von anderen Sites geladen werden, handelt es sich oft um Werbung.

Leider kann auch diese allgemeine Option dazu führen, dass Ihnen Inhalte entgehen, die Sie eigentlich gerne sehen würden. Wenn Sie sie aktivieren, sehen Sie z. B. keinerlei Grafiken mehr auf der Amazon-Website. Anscheinend werden dort alle Grafiken auf eine Weise eingebunden, die Firefox annehmen lässt, dass es sich um externe Grafiken handelt.

Grafik-Ausnahmen für Websites

Mit dem Button *Ausnahmen* rufen Sie den Dialog in Abbildung 8-5 auf, in dem Sie das Verhalten für Grafiken von bestimmten Websites festlegen können. Er gestattet es Ihnen, Ausnahmen vom generellen Ladeverhalten bezüglich Grafiken zu definieren.

Hinweis: Der Dialog *Ausnahmen* unterscheidet sich in einer Hinsicht vom Dialog *Berechtigte Websites*. In ihm können Sie sowohl Websites angeben, denen das Laden von Grafiken erlaubt werden soll, als auch Websites, denen das Laden von Grafiken untersagt werden soll. So können Sie bestimmten Websites das Laden von Grafiken erlauben, wenn es allgemein untersagt wird, oder umgekehrt bestimmten Websites das Laden von Grafiken untersagen, wenn es allgemein erlaubt wird.

Abbildung 8-5:
Der Ausnahmen-Dialog für Grafiken

Geben Sie die Adresse der Website ein und klicken Sie auf *Blocken*, wenn einer Website das Laden von Grafiken untersagt werden soll. Klicken Sie stattdessen auf *Erlauben*, wenn einer Website das Laden von Grafiken erlaubt werden soll.

Wenn Sie den Grafiken-Status einer Website später ändern wollen, müssen Sie die Ausnahme wieder aufheben. Klicken Sie dazu in der Liste auf die entsprechende Website und dann auf den Button *Website entfernen*. Oder entfernen Sie alle mit *Alle Websites entfernen*. Leider ist es nicht möglich, den Status einer Website einfach zu wechseln.

Grafik-Ausnahmen interaktiv definieren

Es ist recht umständlich, immer in den Einstellungen-Dialog zu wechseln, um eine Grafik-Ausnahme für eine Website festzulegen. Firefox bietet aber auch dazu eine einfachere Möglichkeit.

Sie können Grafiken auch blockieren, indem Sie beim Betrachten einer Webseite mit der rechten Maustaste auf die entsprechenden Grafiken klicken. Wählen Sie dazu im Kontextmenü den Eintrag *Grafiken von ... blockieren*. An Stelle der Auslassung sehen Sie dann die Website, von der die Grafik geladen wurde.

Die so angelegten Ausnahmen können Sie dann über den Ausnahmen-Dialog verwalten.

SPRECHSTUNDE FÜR POWER USER

Werbebanner blockieren

Es gibt wohl kaum jemand, der wirklich gern Werbebanner sieht. Leider ist es mit den Bordmitteln der meisten Browser nicht so einfach, wirklich etwas dagegen zu tun. Bei Firefox sieht die Situation etwas besser aus.

Werbebanner stammen oft von anderen Websites als der, die Sie eigentlich geladen haben. Mit der Option »nur von der ursprünglichen Website laden« können Sie das Laden solcher Grafiken generell unterbinden – müssen dabei aber die genannten Nachteile in Kauf nehmen.

Aber mit den Grafik-Ausnahmen und der Kontextmenü-Option »Grafiken von ... blockieren« können Sie noch etwas gezielter gegen Grafiken vorgehen, die nicht von der ursprünglichen Website stammen. Prüfen Sie bei Werbebannern, ob sich die bei »Grafiken von ... blockieren« angezeigte Adresse von der Adresse der Website unterscheidet, die Sie aufgerufen haben. Ist das der Fall, legen Sie eine Ausnahme für diese Website an. Dann werden nur die externen Grafiken blockiert, auf die Sie verzichten können.

Vielleicht erwischen Sie auf diese Weise ja sogar Websites, deren Werbebanner in viele andere Webseiten eingebunden werden. Dann haben Sie mit einem einzigen Klick gleich eine ganze Reihe von Webseiten Werbebanner-freier gemacht.

Aber auch diese Vorgehensweise ist noch recht umständlich und beschränkt. Wenn Sie nach einem leicht zu handhabenden und präzisen Mittel suchen, um Werbebanner zu blockieren, dann sollten Sie sich die Firefox-Erweiterung AdBlock beschaffen, die in Kapitel 10, *Firefox erweitern*, vorgestellt wird.

Software-Installation

Der Erweiterungs- und Plugin-Mechanismus von Firefox ist sehr flexibel. Damit das nicht ausgenutzt werden kann, um Ihrem System einen Virus unterzuschieben, darf nicht jede x-beliebige Website Firefox-Komponenten wie Plugins oder Erweiterungen installieren. Wenn Sie Firefox gerade erst installiert haben, ist das nur der Mozilla-Update-Seite gestattet.

Software-Installation aktivieren bzw. deaktivieren

Die Einstellungen zur Software-Installation finden Sie unter *Extras → Einstellungen → Web-Features*. Das Häkchen bei »Websites das Installieren von Software erlauben« gibt an, ob die Installation von Software gestattet ist. Entfernen oder setzen Sie das Häkchen, wenn Sie die Installation von Software deaktivieren bzw. aktivieren wollen.

Berechtigte Websites verwalten

Klicken Sie auf den Button *Berechtigte Websites* hinter der Option »Websites das Installieren von Software erlauben«, wenn Sie sehen wollen, welchen Websites das Installieren von Software gestattet ist. Damit öffnen Sie den Dialog, der in Abbildung 8-6 zu sehen ist.

Im Textfeld »Adresse der Website« können Sie die Adresse einer Website eingeben, der Sie das Installieren von Software erlauben wollen. Klicken Sie nach der Eingabe auf den Button *Erlauben*, um die Adresse der Website in die Liste der berechtigten Websites aufzunehmen, die Sie unten sehen.

Möchten Sie einer Website diese Berechtigung wieder entziehen, wählen Sie die Website in der Liste aus und klicken dann auf *Website entfernen*. Klicken Sie auf *Alle Websites entfernen*, wenn Sie die Liste komplett leeren wollen. In diesem Fall können Sie die Software-Installation eigentlich auch gleich deaktivieren.

Abbildung 8-6:
Die Liste mit den Websites, denen die Installation von Software gestattet ist.

Der Installationsvorgang

Wenn Sie versuchen, Software von einer Website zu installieren, die dazu berechtigt ist, läuft der Installationsvorgang beliebiger Firefox-Komponenten wie Themes, Erweiterungen oder Such-Plugins problemlos ab. Sie sehen wie in Abbildung 8-7 den Dialog *Software-Installation*. Wenn Sie auf *Jetzt installieren* klicken, wird die Software endgültig installiert.

Hinweis: Ist Ihnen aufgefallen, dass es ein paar Sekunden dauert, bis der Button *Jetzt installieren* aktiviert wird und Sie mit der Installation fortfahren können? Das soll Ihnen Zeit geben, die Informationen und die Warnungen im Dialogfenster aufmerksam zu lesen. Nehmen Sie sie ernst. Unbedacht installierte Software ist eine der häufigsten Ursachen dafür, dass Rechner-Systeme mit einem Virus infiziert werden.

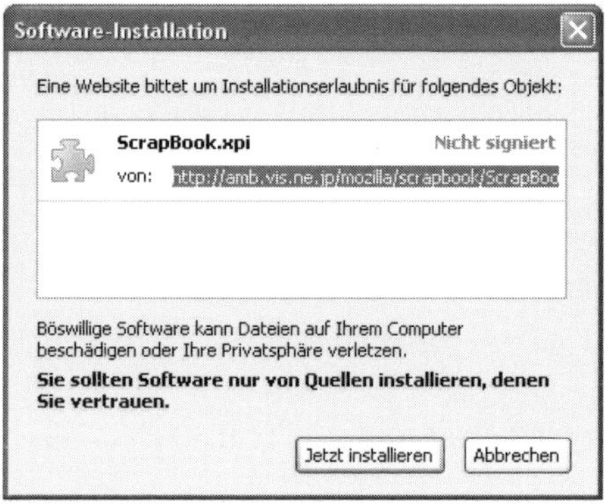

Abbildung 8-7: Der Dialog »Software-Installation«, in dem Sie Informationen zur Software erhalten, die installiert werden soll.

Ist die Website nicht zur Installation von Software berechtigt oder ist die Installation von Software deaktiviert, unterbindet Firefox diesen Vorgang und macht Sie wie in Abbildung 8-8 in der Informationsleiste darauf aufmerksam. Über den Button *Einstellungen bearbeiten*, den Sie rechts in der Informationsleiste sehen, haben Sie die Möglichkeit, die Einstellungen zur Software-Installation zu bearbeiten.

Ist die Software-Installation deaktiviert, führt Sie ein Klick auf diesen Button in den *Web-Features*-Abschnitt der Einstellungen, wo Sie die Software-Installation gegebenenfalls wieder aktivieren können.

Hinweis: Nachdem Sie die Software-Installation wieder aktiviert haben, müssen Sie Firefox leider neu starten, bevor Sie erneut versuchen, die Software zu installieren. Machen Sie das nicht, wird die Software, die Sie eigentlich installieren wollten, von Firefox nur heruntergeladen und wie eine gewöhnliche Datei auf Ihrem System gespeichert.

Ist die Software-Installation aktiviert, die Website, von der Sie gerade Software installieren wollen, zur Installation von Software aber nicht berechtigt, führt Sie ein Klick auf den Button in der Informationsleiste gleich in den Dialog

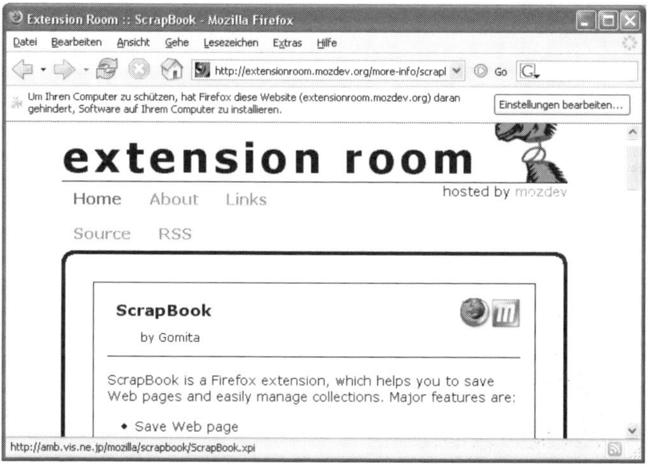

Abbildung 8-8:

Die Informationsleiste macht Sie darauf aufmerksam, dass die Website nicht zur Installation von Software berechtigt ist.

Berechtigte Websites. In diesem Fall trägt Firefox die Adresse der Website automatisch in das Textfeld »Adresse der Website« ein. Sie müssen nur noch auf *Erlauben* klicken, um die Website in die Liste der berechtigten Websites aufzunehmen. Klicken Sie dann auf *OK*, um diese Auswahl zu übernehmen. Jetzt können Sie erneut versuchen, die gewünschte Software zu installieren.

Warnung: Dieser Mechanismus soll Sie davor schützen, dass irgendjemand ohne Ihre Zustimmung Software auf Ihrem Rechner installiert. Passen Sie also auf, wem Sie das Installieren von Software erlauben. Erlauben Sie es nur dann, wenn Sie selbst Software installieren wollen. Erlauben Sie es nicht, wenn eine Website von sich aus versucht, Software auf Ihrem Rechner zu installieren.

Sichere Webseiten

Wenn Sie Software von der Mozilla-Udate-Website herunterladen, sehen Sie noch ein weiteres Firefox-Sicherheitsfeature am Werk. Befinden Sie sich mit Firefox auf einer sicheren Webseite, d.h. einer Webseite, die Ihnen nicht über das gewöhnliche HTTP-Protokoll, sondern über das HTTPS-Protokoll geliefert wird, macht Firefox Ihnen das viel deutlicher als andere Browser.

Sie sehen nicht nur unten rechts in der Statusleiste das geschlossene Vorhängeschloss, das Ihnen beispielsweise auch der Internet Explorer liefert, sondern die Adressleiste wird auch noch farbig (standardmäßig gelb) hinterlegt. So sorgt Firefox dafür, dass Ihnen auf keinen Fall entgeht, wenn sich dieser wichtige Status ändert.

Und auf einen weiteren Dienst, den Ihnen Firefox in dieser Hinsicht leistet, sollten Sie ebenfalls ganz besonders achten. Rechts in der Statusleiste von Firefox sehen Sie neben dem geschlossenen Vorhängeschloss wie in Abbildung 8-9 immer die echte Adresse der Website, auf der Sie sich befinden.

Die Webadresse, die in der Adressleiste zu sehen ist, kann so unübersichtlich sein (oder gemacht werden), dass es kaum noch zu ermitteln ist, auf welcher Website man sich wirklich befindet. Die Adresse, die Firefox Ihnen zusätzlich anzeigt, ist immer die richtige Adresse der Website, die Ihnen die Seite liefert.

Dort können Sie erkennen, ob Sie sich wirklich auf der Ebay-Login-Seite befinden oder doch auf einer anderen Seite, deren Adresse sich marginal von der echten Ebay-Seite unterscheidet. Dadurch kann Ihnen niemand mehr so leicht vormachen, dass Sie sich auf einer Webseite befinden, auf der Sie eigentlich gar nicht sind. Mit Firefox laufen Sie deswegen nicht so schnell Gefahr, irgendjemand Ihre vertraulichen Login-Daten für eine Website anzuvertrauen oder Software von einer Website zu installieren, die Sie vermeintlich für sicher halten.

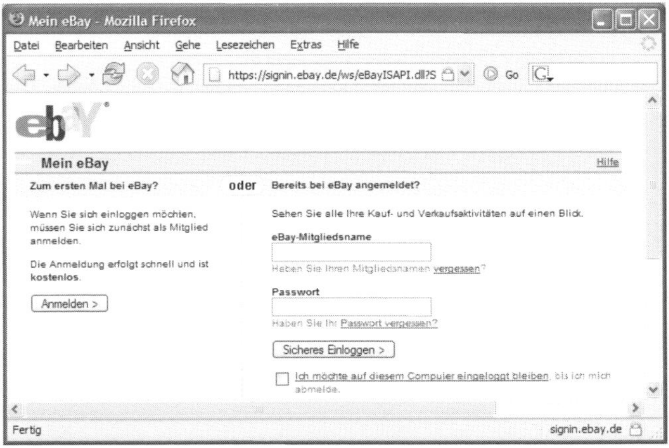

Abbildung 8-9:

An der farbig hinterlegten Adressleiste können Sie sehen, dass Sie sich auf einer sicheren Website befinden. Rechts unten sehen Sie die genaue Adresse der aktuellen Website.

Java

Eine weitere Sache, die Webseiten umfangreich macht, sind komplexe Webanwendungen. Darauf können Sie oft verzichten. Java ist eine Programmiersprache von Sun Microsystems, die oft dazu verwendet wird, um Anwendungen zu schreiben, die von Ihrem Browser ausgeführt werden. Solche Programme können Sie leicht deaktivieren. Gehen Sie einfach zu *Extras → Einstellungen → Web-Features* und entfernen Sie das Häkchen bei »Java aktivieren«.

JavaScript

JavaScript wird auf Webseiten zu unterschiedlichsten Zwecken eingesetzt. Es kann dazu verwendet werden, um Grafiken zu verändern, wenn Sie mit dem Mauszeiger darüber fahren, um die Eingaben, die Sie in einem Formular gemacht haben, zu prüfen, bevor der Browser sie an den Webserver zurückschickt, usw. Es kann allerdings auch dazu genutzt werden, um mit Ihrem Browser recht nervige Dinge anzustellen. Man kann damit den Text in der Statusleiste ändern, das Kontextmenü deaktivieren, Browserfenster verkleinern – alles Dinge, die nur selten erwünscht sind.

Unter *Extras → Einstellungen → Web-Features* können Sie JavaScript ein- oder ausschalten, indem Sie das Häkchen bei »JavaScript aktivieren« setzen oder entfernen. Aber eigentlich ist das eine rein theoretische Option. Wenn Sie JavaScript ausschalten, werden Sie keine zwei Webseiten weit kommen, bis Sie das erste Mal die Meldung erhalten, dass Sie die wunderbaren Ressourcen dieser Webseite nur nutzen können, wenn JavaScript aktiviert ist. Viele Webseiten setzen einfach voraus, dass sie JavaScript einsetzen können, und funktionieren nicht mehr, wenn sie nicht darauf zurückgreifen können.

Deswegen bietet Ihnen Firefox die Möglichkeit, JavaScript generell zu aktivieren, aber einzelne der eher nervigen Funktionen zu deaktivieren, von denen die Funktionsfähigkeit von Webseiten nicht abhängig sein sollte. Klicken Sie dazu auf den *Erweitert*-Button:

- **Existierende Fenster verschieben oder deren Größe ändern:** Wenn diese Option aktiviert ist, können Websites die Größe des aktuellen Fensters und aller Fenster ändern, die die Website geöffnet hat.
- **Fenster vor oder hinter andere Fenster legen:** Websites können das aktuelle Fenster oder andere Fenster, die sie öffnen, vor oder hinter andere Fenster schieben.
- **Das Kontextmenü deaktivieren oder ersetzen:** Websites können das Kontextmenü deaktivieren oder durch ein selbst definiertes Kontextmenü ersetzen.

- **Statusleiste ausblenden:** Websites können die Statusleiste ausblenden. In der Statusleiste präsentieren Browser Ihnen in der Regel Informationen darüber, was sie gerade machen. Wenn sich der Mauszeiger über einem Link befindet, wird dort beispielsweise die Zieladresse des Links angezeigt.
- **Statusleistentext ändern:** Websites können den Text in der Statusleiste ändern. Das ist ein beliebtes Mittel, um den eigentlichen Statusleistentext zu verbergen oder dort nervenden laufenden Text anzuzeigen.
- **Grafiken verändern:** Websites können Grafiken verändern. Webentwickler nutzen diese Funktion gern, um so genannte Rollover-Effekte in ihre Webseiten einzubauen. Wenn Sie mit dem Mauszeiger über einer Grafik stehen, wird diese dabei durch eine andere ausgetauscht.

Unter den Firefox-Standardeinstellungen dürfen Websites die Statusleiste weder ausblenden noch den darin enthaltenen Text ändern.

Cookies

Cookies sind Kekse, die Websites backen und auf Ihrer Festplatte speichern. In der Regel werden in ihnen Informationen über Ihre Interaktion mit einer spezifischen Website festgehalten. Web-Mailer verwenden sie beispielsweise, um festzuhalten, dass Sie sich bereits eingeloggt haben, Online-Shops, um den Inhalt Ihres Warenkorbs zu speichern, usw.

Leider lassen sich Cookies nicht nur verwenden, um diese nützlichen Informationen zwischenzulagern, sondern auch, um regelrechte Protokolle Ihres Surfverhaltens anzulegen. Wenn Sie Ihre Privatsphäre schützen wollen, sollten Sie es sich gut überlegen, wenn Sie die Speicherung von Cookies auf Ihrem System erlauben wollen.

Firefox überlässt Sie auch hier nicht der Willkür von Webdesignern und -programmierern, sondern bietet Ihnen gezielt die Möglichkeit, das Verhalten in Bezug auf Cookies zu steuern. Die entsprechenden Einstellungen können Sie unter *Extras → Einstellungen → Datenschutz → Cookies* (Abbildung 8-10) vornehmen.

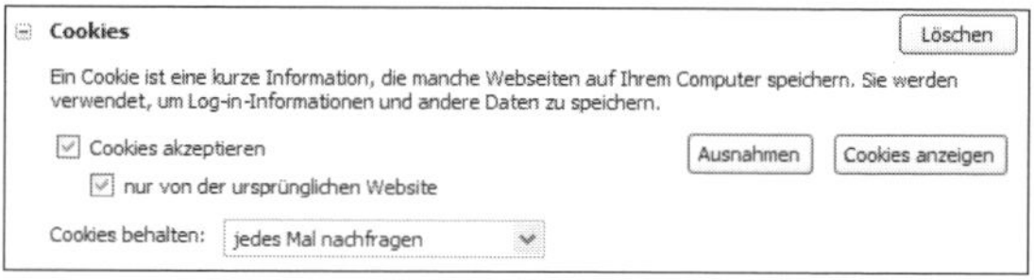

Abbildung 8-10:
Die Konfigurationsmöglichkeiten für Cookies.

Hinweis: Dass sich die Cookie-Einstellungen anders als die meisten anderen Einstellungsmöglichkeiten, die in diesem Kapitel behandelt werden, im Datenschutz-Bereich des Einstellungen-Dialogs verbergen, liegt daran, dass die Informationen in Cookies schützenswert sind. Da die Cookie-Einstellungen aber entscheidenden Einfluss darauf haben, wie Sie Webressourcen nutzen können, behandle ich sie an dieser Stelle.

Cookies sperren oder zulassen

Standardmäßig akzeptiert Firefox alle Cookies ohne Einschränkungen. Entfernen Sie das Häkchen bei »Cookies akzeptieren«, um Cookies generell zu sperren. Sie sollten sich diesen Schritt gut überlegen, weil viele Webseiten nicht mehr richtig funktionieren, wenn sie keine Cookies auf Ihrem System speichern können.

Wenn Sie Cookies akzeptieren, sollten Sie zumindest ein Häkchen bei der Option »nur von der ursprünglichen Website« setzen. Dadurch kann nur die Website Cookies auf Ihren Rechner schreiben, der Sie gerade einen Besuch abstatten. Ist dieses Häkchen nicht gesetzt, können auch solche Websites Cookies auf Ihren Rechner schreiben, die von der von Ihnen geladenen Webseite aufgerufen werden. Das könnten beispielsweise Websites sein, von denen eine Webseite Werbebanner bezieht. Cookies dieser Art sind in der Regel nicht wünschenswert.

Sie können außerdem angeben, wie lange Cookies auf Ihrem System gespeichert werden sollen. Cookies sollten eigentlich ein Verfallsdatum haben, das regelmäßig vom Browser geprüft wird. Ist es verstrichen, löscht er den Cookie. Das ist die Standardeinstellung.

Die meisten Cookies müssten nicht so lange auf Ihrem System herumlungern, wie es von denen festgelegt wurde, die den Cookie geschrieben haben. Sie werden eigentlich nur während der aktuellen Browser-Session benötigt. Deswegen kann es sinnvoll sein, statt des Standardwerts »solange sie gültig sind« die Option »bis Firefox geschlossen wird« zu verwenden.

Hinweis: Es gibt allerdings auch Cookies, die länger auf Ihrem System gespeichert werden sollten. Google verwendet beispielsweise Cookies, um Ihre Benutzervorgaben für Google-Suchen zu speichern. Wenn Sie die entsprechenden Cookies löschen, gehen Ihnen auch die Einstellungen verloren, die Sie auf der Google-Webseite gemacht haben.

Wenn Sie die dritte Option »jedes Mal nachfragen« verwenden, fragt Firefox immer bei Ihnen nach, wenn eine Webseite versucht, Cookies zu schreiben. Sie sehen dann wie in Abbildung 8-11 den Dialog *Das Setzen des Cookies bestätigen*.

Abbildung 8-11:

Eine Website hat versucht, ein Cookie zu setzen. Geben Sie in diesem Dialog an, wie mit dem Cookie verfahren werden soll.

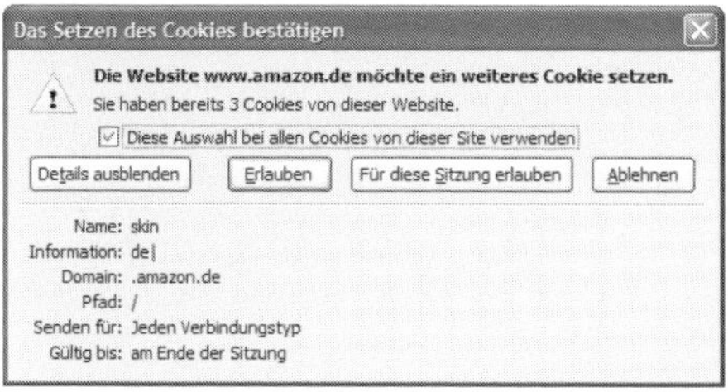

Wenn Sie angeben, dass der Cookie blockiert oder zugelassen werden soll, wird in der Ausnahmenliste ein entsprechender Eintrag für diese Website angelegt. Wenn Sie auf *Für diese Sitzung erlauben* klicken, werden Cookies von dieser Website während der aktuellen Firefox-Session angenommen, ohne dass eine Ausnahme angelegt wird.

Cookie-Ausnahmen

Die Websites, denen Sie das Schreiben von Cookies erlaubt oder verboten haben, werden in eine Liste mit Ausnahmen eingefügt. Diese können Sie einsehen und verwalten, indem Sie unter *Extras* → *Einstellungen* → *Datenschutz* → *Cookies* auf den Button *Ausnahmen* klicken.

Die Liste, die Sie dort sehen (Abbildung 8-12), ähnelt derjenigen, die Sie von den Grafik-Ausnahmen kennen. Sie fin-

Abbildung 8-12:
Die Liste der Websites, denen das Schreiben von Cookies gestattet oder verboten ist.

den in ihr sowohl die Websites, denen das Schreiben von Cookies gestattet ist, als auch diejenigen, denen es verboten ist.

AUF TOUREN KOMMEN

Cookies Website-spezifisch behandeln

Die Cookie-Option »jedes Mal nachfragen« kann nützlich sein, um erst eine Art Lernphase für Firefox zu starten, wenn Sie Cookies generell abschalten oder zulassen wollen und nur einige Ausnahmen für die jeweilige Standardeinstellung gestatten wollen. Für den permanenten Gebrauch ist sie weniger geeignet, da Sie dann ständig beim Surfen unterbrochen werden. Gehen Sie folgendermaßen vor, um eine Liste mit Websites zu erzeugen, denen Sie das Schreiben und Lesen von Cookies erlauben bzw. verbieten wollen:

1. Schalten Sie unter Extras → *Einstellungen* → *Datenschutz* → *Cookies* das Nachfragen ein, indem Sie im Drop-down-Menü »Cookies behalten« die Option *jedes Mal nachfragen* auswählen.
2. Aktivieren Sie in dem Dialog, in dem Sie gefragt werden, ob Sie die Cookie-Operationen der Site zulassen oder ablehnen wollen, die Option »Diese Auswahl bei allen Cookies von dieser Site verwenden«. Das bewirkt, dass Firefox Sie nicht bei jedem Cookie fragt, den die Website während dieser Lernphase setzen will.
3. Wählen Sie im Dialog »Das Setzen des Cookies bestätigen« *Erlauben* respektive *Ablehnen*, je nachdem, ob eine Website Cookies schreiben können soll oder nicht.
4. Lassen Sie die Option über einen größeren Zeitraum eingeschaltet und wiederholen Sie den letzten Schritt so lange, bis Sie bei allen Websites vorbeigeschaut haben, die Sie für gewöhnlich besuchen.
5. Schalten Sie im Einstellungen-Dialog das Nachfragen ab, wenn Sie denken, dass die Lernphase abgeschlossen ist.
6. Je nachdem, welche Einstellung Sie bevorzugen, aktivieren Sie oder deaktivieren Sie Cookies.

Wenn Sie Cookies generell deaktivieren, können sie jetzt trotzdem noch von den Websites gespeichert werden, denen Sie es gestattet haben. Aktivieren Sie Cookies generell, haben Sie zumindest etwas mehr Sicherheit, dass nicht jeder seine Cookies auf Ihrem Rechner deponieren kann.

Geben Sie im Textfeld »Adresse der Website« die Website an und wählen Sie dann die gewünschte Option aus, wenn Sie eine Ausnahme manuell erzeugen wollen. Wählen Sie dann *Erlauben*, *Ablehnen* oder *Für diese Sitzung erlauben*. Die letzte Option ist nützlich, wenn Sie Cookies generell blockieren, einer bestimmten Website zu einem bestimmten Zweck aber gestatten wollen, mal einen Keks bei Ihnen zu deponieren.

Im unteren Teil des Dialogs sehen Sie die Liste mit den Websites und dem für die jeweilige Website gültigen Status. Mit den Buttons *Website entfernen* und *Alle Websites entfernen* können Sie einzelne markierte bzw. alle in der Liste enthaltenen Websites löschen.

Gespeicherte Cookies verwalten

Wenn Sie sehen wollen, was für Cookies auf Ihrem System gespeichert sind, klicken Sie im Cookies-Abschnitt des Datenschutz-Felds der Eigenschaften auf den Button *Cookies anzeigen*, um den Dialog *Gespeicherte Cookies* aufzurufen, den Sie in Abbildung 8-13 sehen. Wenn Sie Cookies bisher ohne Einschränkungen zugelassen haben, kann ein Blick in diesen Dialog ein heilsamer Schock sein. Man kann kaum glauben, wer da alles seine Cookies auf dem eigenen Rechner abgelegt hat, und ist verblüfft über Adressen von Websites, die man noch nie besucht hat. Genau das sind die Cookies von Dritten, die Sie mit Firefox so einfach blockieren könnten.

Wenn Sie in der Liste einen der Cookies auswählen, werden Ihnen unten Informationen zum Cookie angezeigt. Außer der Domain des Urhebers sehen Sie beispielsweise noch den Namen des Cookies und die in ihm gespeicherten Informationen. Ganz unten sehen Sie das Verfallsdatum.

Mit den Buttons *Cookie entfernen* und *Alle Cookies entfernen* können Sie Cookies löschen. Wenn Sie dafür sorgen wollen, dass ein Cookie, den Sie jetzt löschen, in Zukunft nicht erneut auf Ihrem Rechner gespeichert wird, sollten Sie die Checkbox »Einmal entfernte Cookies nicht mehr akzeptieren« aktivieren.

Abbildung 8-13:
Die Liste der auf dem Rechner gespeicherten Cookies.

Plugins

Plugins sind Hilfsanwendungen, die Firefox benötigt, um bestimmte Typen von Dateien zu verarbeiten. Plugins sind beispielsweise erforderlich, um bestimmte Medienformate wie Flash-Animationen darzustellen oder um z.B. PDF-Dateien innerhalb des Browsers darzustellen.

Wenn Plugins für Komponenten von Webseiten nicht installiert sind, kann Firefox mit den entsprechenden Informationen nichts anfangen. Statt des Inhalts sehen Sie an der entsprechenden Stelle der Webseite nur die Information, dass für diese Komponente ein Plugin benötigt wird. Darauf werden Sie außerdem wie in Abbildung 8-14 über die Informationsleiste oben im Inhaltsfenster des Browsers aufmerksam gemacht. In ihr befindet sich ein Button, über den Sie das entsprechende Plugin installieren können.

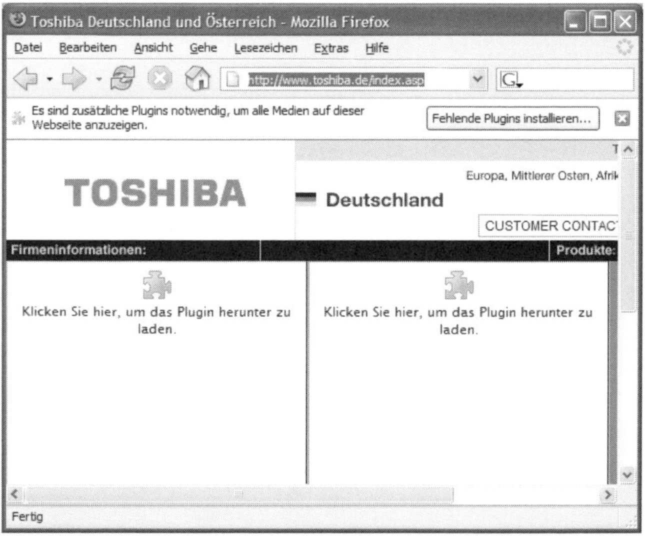

Abbildung 8-14:

Die Informationsleiste macht sie darauf aufmerksam, dass zur Darstellung der Webseite ein Plugin erforderlich ist.

Hinweis: Ist für Inhalte anderer Typen kein Plugin installiert, heißt das für den Browser nicht, dass das System mit diesem Inhalt nichts anfangen kann. Der entsprechende Inhalt ist für ihn dann ein beliebiger externer Inhalt. Diesen verarbeitet er durch den Download-Mechanismus, der in Kapitel 4, *Speichern und Downloads*, behandelt wurde.

Deswegen bietet er Ihnen dann die Möglichkeit, den Inhalt mit einer bekannten Standardanwendung zu öffnen oder auf der Festplatte zu speichern. Die Arbeit mit manchen Inhalten kann einfacher sein, wenn ein entsprechendes Plugin installiert ist.

Das ist beispielsweise beim PDF-Plugin der Fall. Ist es installiert, werden PDF-Dateien in Firefox geöffnet. Ist es nicht installiert, können diese Inhalte nur außerhalb des Browsers weiterverarbeitet werden.

Plugins installieren

Die Installation der meisten Plugins verläuft geradlinig. Gehen Sie beispielsweise folgendermaßen vor, um das Flash-Plugin zu installieren:

1. Klicken Sie in der Informationsleiste auf den Button *Fehlendes Plugin installieren*, wenn Sie gerade eine Webseite betrachten, zu deren Darstellung das Flash-Plugin erforderlich ist. Dann wird der Plugin-Finder-Service gestartet, um nach verfügbaren Plugins zu suchen.
2. Wählen Sie im Dialog das Plugin aus, das Sie installieren möchten, und klicken Sie auf *Weiter*.

Abbildung 8-15:
Der Plugin-Finder-Service unterstützt Sie bei der Installation von Plugins.

3. Bestätigen Sie gegebenenfalls anschließend noch die Lizenzvereinbarung.
4. Schließen Sie den Installationsdialog mit *Fertigstellen*.

Sie können auch zur Webseite *https://addons.update.mozilla.org/plugins/* gehen, wenn Sie sehen wollen, welche Plugins zur Verfügung stehen. Laden Sie für die gesuchten Plugins die Versionen für Ihr Betriebssystem herunter und installieren Sie sie mit Hilfe der jeweiligen Installationsprogramme. Eine ausführlichere Liste bietet *http://plugindoc.mozdev.org/*.

Hinweis: Falls Sie Probleme haben, Plugins von PluginDoc oder einer anderen Website zu installieren, werfen Sie einen Blick in den Abschnitt »*Software-Installation*«. Dort erfahren Sie, wie Sie Websites das Installieren von Software gestatten.

Plugins verwalten

Im *Downloads*-Abschnitt der Einstellungen finden Sie unten rechts den *Plugins*-Button, über den der Dialog in Abbildung 8-16 aufgerufen wird.

Abbildung 8-16:
Die Plugin-Verwaltung, über die Sie die installierten Plugins einsehen und verwalten können.

In den Spalten »Erweiterung« und »Dateityp« können Sie erkennen, für welche Dateinamenerweiterungen bzw. Dateitypen Plugins installiert sind. An dem Häkchen in der Spalte »Aktiviert« sehen Sie, ob das Plugin aktuell vom Browser zur Darstellung von Inhalten verwendet wird.

Wenn Sie ein Plugin aktivieren bzw. deaktivieren wollen, klicken Sie einfach einmal beim entsprechenden Plugin auf den Punkt bzw. das Häkchen in der Spalte »Aktiviert«. Der Status wird dann unmittelbar umgeschaltet.

Wenn Sie ein installiertes Plugin deaktivieren, werden Inhalte wie PDF-Dateien nicht mehr direkt im Browser angezeigt. Stattdessen wird Ihnen der Dialog *Öffnen mit* präsentiert, in dem Sie wieder selbst angeben können, was mit dem Objekt gemacht werden soll.

Hinweis: Wenn Sie die aktuelle Version des Flash-Plugins deaktivieren, hat das leider keinerlei Auswirkungen. Ihr Browser lädt Flash-Komponenten genau wie zuvor. Wenn Sie ihn davon abhalten wollen, müssen Sie das Plugin deinstallieren.

Plugins deinstallieren

Leider bietet die Plugin-Verwaltung keine Möglichkeit, um Plugins zu deinstallieren. Das liegt daran, dass nicht alle Plugins auf die gleiche Weise installiert werden.

Wenn Sie ein Plugin wieder deinstallieren wollen, müssen Sie das deswegen von Hand tun.

Die meisten Plugins, die über den Plugin-Mechanismus von Firefox installiert werden, werden im Plugins-Verzeichnis von Firefox gespeichert. Bei einer standardmäßigen Firefox-Installation ist das unter Windows XP üblicherweise *C:\Programme\Mozilla Firefox\plugins*. (Suchen Sie auf anderen Systemen in Ihrem Firefox-Programmverzeichnis nach dem Ordner *plugins*.)

Hier müssen Sie dann manuell die Dateien für das jeweilige Plugin löschen. Beim Flash-Plugin wären das beispielsweise die Dateien *NPSWF32.dll* und *flashplayer.xpt* (oder nur *NPSWF32.dll*, wenn Sie das Plugin mit dem Installationsprogramm installiert haben).

Tipp: Wenn Sie herausfinden wollen, welche Datei für welches Plugin verwendet wird, geben Sie »about:plugins« in die Adressleiste ein. Firefox liefert Ihnen dann ausführliche Informationen zu allen installierten Plugins.

Firefox anpassen

Die Benutzerschnittstelle von Firefox ist schlank. Vielleicht vermissen Sie beispielsweise in der Werkzeugleiste einige Buttons für Funktionen, auf die Sie gerne mit einem einzigen Klick zugreifen wollen. Vielleicht gefällt Ihnen auch nicht immer, wie Firefox den Inhalt von Webseiten darstellt. In diesem Kapitel wird gezeigt, wie Sie die Benutzeroberfläche den eigenen Vorstellungen entsprechend konfigurieren können und wie Sie Firefox sagen, auf welche Weise er Webseiten darstellen soll.

Die Startseite ändern

Die Standard-Startseite von Firefox ist praktisch, wenn Sie nach dem Start Ihres Browsers ohnehin meist die magischen sechs Buchstaben eintippen oder auf das Google-Lesezeichen klicken. Aber eigentlich können Sie sich das sparen und stattdessen einfach die Websuche verwenden. Und vielleicht öffnen Sie ja doch eher eine andere Webseite.

Dann sollten Sie wahrscheinlich diese andere Seite als Ihre Startseite einrichten. Gehen Sie dazu zu *Extras → Einstellungen → Allgemein → Startseite* und geben Sie im Textfeld »Adresse(n)« die Adresse der Webseite ein, die beim Start von Firefox geladen werden soll. Haben Sie die Seite aktuell im Browser geladen, können Sie auch einfach auf den Button *Aktuelle Seite verwenden* klicken. Haben Sie die entsprechende Seite als Lesezeichen gespeichert, können Sie auf *Lesezeichen verwenden* klicken und im nachfolgenden Dialog das entsprechende Lesezeichen auswählen.

Wenn Sie Ihre Internet-Sessions immer wieder auf anderen Seiten beginnen und nicht darauf warten wollen, dass beim Start des Browsers erst eine Seite geladen wird, die Sie gar nicht benötigen, wählen Sie *Leere Seite verwenden.* Dann wird gar keine Seite geöffnet, wenn Firefox startet.

Mehrere Startseiten

Wenn Sie für Ihre Arbeit regelmäßig die gleiche Gruppe von Webseiten öffnen, dann hat Firefox genau das Feature, das Sie benötigen: Tabbed Browsing. Sie können damit nicht nur eine Startseite festlegen, sondern mehrere. Diese werden dann beim Starten von Firefox in mehreren Tabs in einem Browserfenster geöffnet.

Um mehrere Webseiten als Startseiten zu definieren, gehen Sie folgendermaßen vor:

1. Öffnen Sie alle Webseiten, die beim Start von Firefox geladen werden sollen, in den Tabs eines Browserfensters. Schließen Sie alle Tabs mit Seiten, die Sie nicht zu Startseiten machen wollen.
2. Gehen Sie zu *Extras → Einstellungen → Allgemein* und klicken Sie auf *Aktuelle Seiten verwenden.*

Hinweis: Wenn mehrere Seiten in Tabs geöffnet sind, wird der Button *Aktuelle Seite verwenden* zum Button *Aktuelle Seiten verwenden*. Wenn Sie nur eine der aktuell geladenen Webseiten als Startseite verwenden wollen, müssen Sie die anderen Tabs schließen oder die Adresse manuell eingeben.

---

3. Schließen Sie den Einstellungen-Dialog mit einem Klick auf *OK*.

Beim nächsten Start von Firefox werden nun automatisch die Seiten geladen, die Sie gerne sehen wollen.

Sie können die Adressen der Seiten, die beim Start in Tabs geladen werden sollen, auch von Hand in das Textfeld »Adresse(n)« eingeben. Trennen Sie die einzelnen Adressen einfach durch einen senkrechten Strich (|).

Firefox zum Standardbrowser machen

Standardmäßig prüft Firefox beim Start, ob er als Standardbrowser festgelegt ist. Der Standardbrowser ist der Browser, den Ihr Betriebssystem verwendet, um Internet-Links oder andere HTML-Seiten zu öffnen. Wenn Sie Firefox nicht als Ihren Standardbrowser verwenden wollen, wollen Sie diese lästige Nachfragerei vielleicht abschalten.

Öffnen Sie dazu den *Allgemein*-Bereich der Einstellungen und entfernen Sie im Abschnitt »Standard-Browser« das Häkchen bei »Beim Starten prüfen, ob Firefox der Standardbrowser ist«. In Zukunft fragt Firefox dann nicht mehr, ob er als Standardbrowser eingerichtet ist.

Tipp: Das können Sie auch erreichen, indem Sie in dem Dialog, den Sie beim Starten von Firefox sehen, das Häkchen vor der entsprechenden Option entfernen.

Wenn Sie Ihre Meinung ändern, nachdem Sie eine Weile mit Firefox im Web unterwegs waren – Firefox wird Sie schon überzeugen –, oder einfach prüfen wollen, ob Firefox aktuell Ihr Standardbrowser ist, kehren Sie einfach an die gleiche Stelle zurück und klicken Sie auf den Button *Jetzt überprüfen*. Firefox sagt Ihnen dann, ob er als Standardbrowser festgelegt ist oder nicht. Ist Firefox nicht der Standardbrowser, können Sie ihn mit einem Klick auf *OK* dazu machen.

Hinweis: Beachten Sie, dass unter Windows Administratorrechte erforderlich sind, um Firefox zum Standardbrowser zu machen. Wenn Sie bei jedem Start von Firefox erneut gefragt werden, ob Sie Firefox zum Standardbrowser machen wollen, obwohl Sie den Dialog schon mehrfach mit *OK* beendet haben, kann das daran liegen, dass Ihr Administrator einen anderen Browser als Standardbrowser festgelegt hat. Erklären Sie ihm, was für eine tolle Sache Firefox ist, und bitten Sie ihn, Firefox für Sie zum Standardbrowser zu machen.

Bevorzugte Sprachen angeben

Das Web ist das wahre Babylon. Unzählige Webseiten in unzähligen Sprachen warten auf Sie. Natürlich beherrscht niemand all diese Sprachen. Aber wie die meisten Browser bietet auch Firefox die Möglichkeit, sich einen größeren Teil des Webs zugänglich zu machen.

Viele Webseiten sind in mehr als einer Sprache verfügbar. Wenn Firefox dem Webserver, von dem Sie die Seite abrufen, mitteilt, dass Sie mit einer dieser Sprachen vertraut sind, kann er Ihnen statt des chinesischen Originaldokuments eine englische Alternativversion servieren, mit der Sie etwas mehr anfangen können.

Sprachen hinzufügen

Gehen Sie dazu zu *Extras → Einstellungen → Allgemein → Sprachen* und klicken Sie auf den *Sprachen*-Button. In der Liste im folgenden Dialog sehen Sie die Sprachen, die Firefox Webservern standardmäßig mitteilt. Wenn Sie eine deutsche Firefox-Version verwenden, sind das normalerweise Deutsch und Englisch.

Machen Sie Folgendes, um der Liste weitere Sprachen hinzuzufügen:

1. Klicken Sie auf den Schalter neben »Wählen Sie eine Sprache zum Hinzufügen aus«, um das Pull-down-Menü mit den möglichen Sprachen aufzuklappen.
2. Wählen Sie in der Liste die gewünschte Sprache aus.
3. Klicken Sie auf *Hinzufügen*.

4. Wiederholen Sie die letzten beiden Schritte für alle Sprachen, die Sie hinzufügen wollen.
5. Beenden Sie den Dialog mit *OK*.

Sprachpräferenzen sortieren

Die Liste gibt nicht nur an, welche Sprachen Sie akzeptieren, sondern auch, welche Sprache(n) Sie bevorzugen. Sortieren Sie die Sprachen in der Liste so, dass diejenigen Sprachen an erster Stelle der Hierarchie stehen, die Sie am liebsten sehen wollen.

Markieren Sie dazu die Einträge in der Liste und verschieben Sie sie mit den *Nach oben*- und *Nach unten*-Buttons innerhalb der Liste.

Sprachen löschen

Wenn Sie eine der Sprachen in der Liste lieber nicht serviert bekommen möchten, löschen Sie einfach den entsprechenden Eintrag in der Liste. Markieren Sie den Eintrag und klicken Sie auf *Löschen*.

Hinweis: Wenn die Sprachen, in denen das Dokument vorliegt, in Ihrer Liste nicht vorkommen, heißt das natürlich nicht, dass Sie gar kein Dokument geliefert bekommen. Der Webserver liefert das Dokument dann einfach in der Sprache aus, die er für die geeignetste hält.

Zeichenkodierung

Im Dialog »Sprachen und Zeichenkodierung«, den Sie über *Extras → Einstellungen → Allgemein → Sprachen* aufrufen, können Sie ebenfalls angeben, welche Zeichenkodierung Firefox verwenden soll. Die Zeichenkodierung, die Sie hier angeben, wird von Firefox verwendet, wenn eine Webseite keine Angaben zur Zeichenkodierung macht oder Firefox mit diesen Angaben nichts anfangen kann. Normalerweise sollten Sie den voreingestellten Wert ISO-8859-1 nicht ändern müssen, es sei denn, Sie sind vorwiegend auf Webseiten unterwegs, die aus einem anderen Sprachraum stammen.

Falls die Darstellung einer Webseite anhand der voreingestellten Zeichenkodierung einmal nicht richtig sein sollte – bei deutschsprachigen Webseiten merken Sie das meist daran, dass Sie statt Umlauten Fragezeichen sehen –, können Sie die Zeichenkodierung für diese Webseite manuell ändern. Gehen Sie dazu zu *Ansicht → Zeichenkodierung* und probieren Sie eine andere Zeichenkodierung aus. Die Ursache des Problems könnte beispielsweise sein, dass die Webseite Unicode verwendet.

Das Aussehen von Websites ändern

Ihnen gefällt nicht, wie Webseiten von Firefox dargestellt werden? Ist die Schrift zu klein, die Hintergrundfarbe zu langweilig? Normalerweise gibt Firefox die Webseiten so wieder, wie der Designer sie entworfen hat. Hat dieser nicht explizit besondere Darstellungsweisen angegeben, verwendet Firefox seine eigenen Standardwerte. Diese Standardwerte können Sie anpassen. Wenn Sie wollen, können Sie die expliziten Darstellungsangaben des Designers auch mit Ihren Einstellungen überschreiben.

Die Textgröße vorübergehend ändern

Wenn Sie auf eine Webseite mit einer nervend großen oder unlesbar kleinen Schrift stoßen, können Sie die Schriftdarstellung im aktuellen Browserfenster oder Tab ändern. Gehen Sie zu *Ansicht → Schriftgrad* und wählen Sie je nach Bedarf *vergrößern* oder *verkleinern* oder drücken Sie *Strg-+* bzw. *Strg--*. Mit *Ansicht → Schriftgrad → Normal* oder *Strg-0* können Sie die Schriftgröße wieder auf den Ausgangswert zurücksetzen.

Hinweis: Diese Änderung gilt nur für den aktuellen Tab im aktuellen Browserfenster. Sie hat keine Auswirkungen auf andere Fenster oder andere Tabs im aktuellen Fenster. Aber alle Seiten, die Sie später in diesem Tab laden, werden ebenfalls mit dieser Schriftgröße dargestellt.

Die Standarddarstellung von Webseiten anpassen

Wenn Ihre Augen langsam nachlassen oder Sie das karge Weiß im Hintergrund auf Dauer etwas langweilig finden, können Sie die standardmäßig verwendete Schriftgröße, Schriftart usw. auch dauerhaft anpassen. Gehen Sie dazu zum Bereich *Allgemein* der Einstellungen und klicken Sie auf den Button *Schriftarten & Farben*.

Hinweis: Alle Änderungen, die Sie in diesem Dialog vornehmen, werden erst wirksam, nachdem Sie diesen Dialog und den Einstellungen-Dialog jeweils mit *OK* beendet haben. Einige der Änderungen werden dann sofort auf die aktuell geladenen Seiten angewandt. Andere werden erst sichtbar, wenn eine Seite neu geladen wird, z.B. wenn Sie festlegen, dass Links nicht unterstrichen werden sollen.

Schrift anpassen

Im oberen Teil dieses Dialogs können Sie festlegen, welche Schrift Firefox standardmäßig für bestimmte Komponenten von Webseiten verwenden soll. Die einzelnen Felder haben folgende Bedeutung:

- **Schriftarten für:** Hier geben Sie an, für welche Schriftgruppe Sie die Schriftart festlegen bzw. ändern wollen. In der Regel reicht es, wenn Sie das für die standardmäßig aktivierten westlichen Schriften tun.
- **Proportional:** Die Schriftfamilie – Serif oder Sans Serif –, die für die Teile von Webseiten verwendet werden soll, in denen standardmäßig (oder nach Vorgabe des Webdesigners) eine Proportionalschrift genutzt wird. Hinter

diesem Feld können Sie noch die Schriftgröße festlegen, die für diese Schriftfamilie verwendet wird.

- **Serif:** Die tatsächliche Schriftart, die für eine Schrift mit Serifen verwendet werden soll. Standardmäßig ist das Times New Roman. Wählen Sie einfach aus dem Drop-down-Menü eine Schrift aus, die Ihnen besser gefällt. Im oberen Bereich des Menüs finden Sie die Schriftarten, die tatsächlich Schriften mit Serifen sind. Unterhalb des Trennstrichs folgt dann noch einmal eine vollständige Auflistung aller auf dem System installierten Schriften. Theoretisch könnten Sie also auch für Serif eine serifenlose Schrift festlegen.
- **Sans Serif:** Die tatsächliche Schriftart, die für serifenlose Schriften verwendet werden soll.
- **Feste Breite:** Die Schriftart, die für Teile von Webseiten verwendet werden soll, für die standardmäßig (oder nach Vorgabe des Webdesigners) eine Schrift fester Breite verwendet wird. Dahinter können Sie die Schriftgröße für Schriften fester Breite festlegen. In der Regel sollte sie etwas kleiner sein als die für die Proportionalschrift, da Schriften fester Breite durch die größere Laufweite auf der Seite mehr Raum einnehmen.
- **Bildschirmauflösung:** Die verwendete Bildschirmauflösung in Punkten pro Zoll (dpi).
- **Minimale Schriftgröße:** Über dieses Feld können Sie eine minimale Schriftgröße festlegen. Webseiten können dann keine kleineren Schriften verwenden, und Sie können die Schriftdarstellung auch nicht weiter als bis zu diesem Punkt verkleinern.

Farben anpassen

Im Feld »Text und Hintergrund« können Sie die Farben für den normalen Text und den Hintergrund festlegen. Klicken Sie einfach auf einen der Farb-Buttons, um den Farbwähler aufzurufen, den Sie in Abbildung 9-1 sehen.

Abbildung 9-1:
Im Farbwähler können Sie eine andere Farbe für Elemente aussuchen.

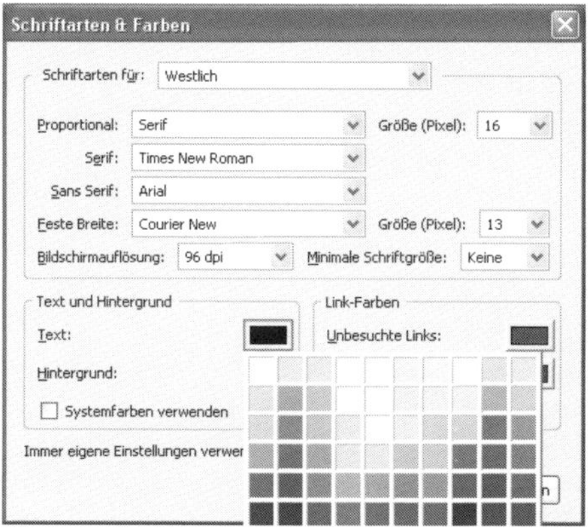

Im Feld »Link-Farben« können Sie festlegen, welche Farbe für die Darstellung von Links verwendet werden und durch welche Farbe diese ersetzt werden soll, wenn Sie den Link bereits besucht haben. Darunter können Sie angeben, ob Links unterstrichen werden sollen.

Mit dem Häkchen bei »Systemfarben verwenden« geben Sie an, ob Ihre Farbdefinitionen verwendet werden sollen oder die, die auf Ihrem System standardmäßig verwendet werden. Diese Option ersetzt den leider fehlenden Zurücksetzen-Button, mit dem man seine Experimente mit verschiedenen Farben wieder rückgängig machen könnte, wenn man nach einer Weile feststellt, dass die Systemvorgaben doch nicht so unvernünftig waren.

Hinweis: Die Position dieser Option ist etwas verwirrend, weil diese Wahl nicht nur die Farben von Text und Hintergrund betrifft, sondern auch die von Links.

Eigene Schriften und Farben auf alle Webseiten anwenden

Die von Ihnen in diesem Dialog angegebenen Farben werden normalerweise nur auf die Webseiten angewendet, die keine eigenen Vorgaben für Schriften und Farben definieren. Wenn Webseiten Schriften und/oder Farben vorgeben, haben diese Vorrang vor den Festlegungen, die Sie hier getroffen haben. Mit den beiden Optionen ganz unten in diesem Dialog können Sie festlegen, ob Ihre Schrift- und/oder Farb-Einstellungen grundsätzlich auch dann verwendet werden sollen, wenn Webseiten eigene Schrift- und/oder Farb-Vorgaben machen.

Hinweis: Wenn Sie möchten, können Sie nicht nur die Schrift- und Farb-Vorgaben überschreiben, die Webseiten machen. Sie können alle Formatierungsvorgaben für einzelne Webseiten vollständig ausschalten. Wählen Sie dazu *Ansicht → Webseiten-Stil → Kein Stil*. Damit deaktivieren Sie das Stylesheet, das zur Darstellung der Webseite verwendet wird. Je nach Komplexität der Webseite kann das dazu führen, dass Sie eine komplett andere Webseite sehen.

Die Benutzeroberfläche anpassen

Die Benutzeroberfläche von Firefox ist eher spartanisch. Auch damit wird er seinem Ruf gerecht, schlank zu sein. Wenn Sie gern etwas mehr Funktionalitäten mit einem Mausklick verfügbar hätten, haben Sie jedoch die Möglichkeit, die Benutzerschnittstelle anzupassen.

Leisten ein- und ausblenden

Außer der Menüleiste können Sie alle Leisten jederzeit ein- und ausblenden.

Symbolleisten

Über *Ansicht → Symbolleisten* können Sie einzelne der Symbolleisten ein- bzw. ausblenden. Wenn neben dem Namen einer Leiste ein Häkchen gesetzt ist, wird die entsprechende

Leiste angezeigt. Klicken Sie beispielsweise auf *Lesezeichenleiste*, wenn diese aktuell nicht aktiviert ist. Die Lesezeichenleiste wird dann eingeblendet, und wenn Sie das nächste Mal zu *Ansicht → Symbolleisten* gehen, sehen Sie, dass dort ein Häkchen ist.

Um eine Leiste auszublenden, klicken Sie ebenfalls einfach auf den Namen der Leiste. Die Leiste wird ausgeblendet und das Häkchen wird entfernt.

Tipp: Firefox besitzt auch einen praktischen Vollbild-Modus, den Sie über *Ansicht → Vollbild* einschalten oder mit der F11-Taste ein- und ausschalten können. Die einzige Leiste, die Ihnen dann bleibt, ist die Navigationsleiste. Alle anderen Leisten – selbst die Taskleiste des Betriebssystems – werden ausgeblendet.

Statusleiste

Die Statusleiste ist die Leiste, die Sie ganz unten im Browser sehen. Dort teilt Firefox Ihnen mit, was er gerade tut. Wenn eine Webseite geladen ist, können Sie dort beispielsweise sehen, wohin Sie ein Link führt. Wenn Sie den Mauszeiger über dem Link schweben lassen, wird dort die Adresse angezeigt, mit der er verknüpft ist.

Die Statusleiste können Sie ebenfalls über das *Ansicht*-Menü ein- und ausblenden. Klicken Sie auf *Statusleiste*, um sie zu aktivieren oder deaktivieren. Auf Grund der nützlichen Informationen, die die Statusleiste bietet, sollten Sie es sich gut überlegen, ob Sie dauerhaft ohne Statusleiste arbeiten wollen.

Sidebar

Die Sidebar blenden Sie über *Ansicht → Sidebar* ein. Wählen Sie im Untermenü aus, was Sie in der Sidebar sehen möchten: Chronik oder Lesezeichen. Die Sidebar können Sie auch über zwei Tastenkombinationen aktivieren bzw. deaktivieren. Mit *Strg-h* schalten Sie die Chronik ein und aus, mit *Strg-b* die Lesezeichen-Sidebar.

SPRECHSTUNDE FÜR POWER USER

Unter der Motorhaube

Bei der Einrichtung von Firefox sind Sie eigentlich nicht auf die Einstellungsmöglichkeiten beschränkt, die Sie im Einstellungen-Dialog von Firefox finden. Firefox bietet Ihnen noch mächtigere, aber auch deutlich schwieriger zu handhabende Werkzeuge, um damit Einstellungen vorzugeben.

Dazu zählen bestimmte benutzerdefinierte Konfigurationsdateien, über die Sie Einstellungen definieren können, die Firefox beim Starten berücksichtigt und anwendet. Eine Aufstellung dieser Dateien finden Sie am Ende von Anhang C.

Eine zentrale Konfigurationsdatei können Sie auch aus Firefox heraus während des laufenden Betriebs anpassen. Das ist die Datei *pref.js*. Sie können über eine Pseudo-Adresse auf sie zugreifen, die Sie in der Adressleiste eingeben: *about:config*.

Damit öffnen Sie im Inhaltsfenster des Browsers den Konfigurationseditor, den Sie in Abbildung 9-2 sehen.

Die fett wiedergegebenen Einträge sind vom Benutzer vorgegebene Werte. Das können Werte sein, die über den Einstellungen-Dialog angepasst wurden, die von installierten Erweiterungen erzeugt oder beim Anlegen des Profils generiert wurden und bei jedem Start übernommen werden, die aus einer eventuellen Datei *user.js* gelesen wurden, oder Werte, die über diesen Konfigurationseditor vom Benutzer angepasst wurden. Alles andere sind Standardwerte.

Wenn Sie mit der rechten Maustaste auf einen der Einträge klicken, sehen Sie das in der Abbildung dargestellte Kontextmenü, über das Sie den Eintrag modifizieren können. Sie können den Namen oder Wert kopieren, einen neuen Eintrag anlegen, den Wert bearbeiten (einen Booleschen Wert umschalten) oder den Standard wiederherstellen, wenn Sie den Wert zuvor verändert haben.

Leider ist hier nicht der Platz, um auf alle Möglichkeiten einzugehen, die Ihnen die Bearbeitung dieser Konfigurationsdatei liefert. Am Ende von Anhang D finden Sie eine Aufstellung von Webseiten, wo Sie Informationen zu diesen Möglichkeiten finden.

Symbolleisten konfigurieren

Wenn Sie Firefox frisch installiert haben, können Sie nur wenige Funktionen über Symbolleisten-Buttons erreichen. Alles, was Sie dort vor sich haben, ist der Navigation gewidmet. Wahrscheinlich wird das, was beim Internet Explorer die Werkzeugleiste ist, bei Firefox auch deswegen als Naviga-

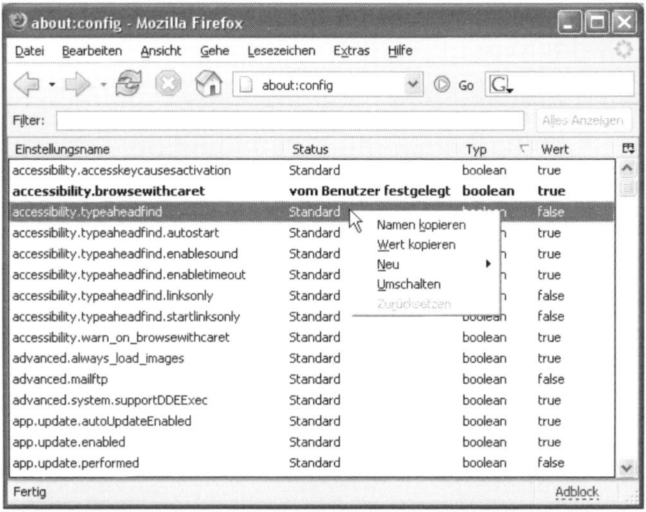

Abbildung 9-2:

Im Konfigurationseditor können Sie Konfigurationseinstellungen einsehen und anpassen.

tionsleiste bezeichnet. Wenn Sie aus der Navigationsleiste (genauer gesagt aus Navigations- und Menüleiste) eine »echte« Werkzeugleiste machen wollen, bietet Ihnen Firefox einige Möglichkeiten dazu.

Symbolleisten aufpeppen

Gehen Sie zu *Ansicht → Symbolleisten → Anpassen*. Firefox öffnet dann ein Fenster, aus dem Sie Buttons für andere Funktionen und ein paar Gliederungselemente wie die Trennlinie auf die Symbolleisten ziehen können. Klicken Sie einfach in diesem Fenster auf das gewünschte Element und ziehen Sie es auf den freien Platz in der Menüleiste. Wenn es scheint, dass dort kein Platz mehr ist, können Sie es auch in die Navigationsleiste ziehen. Dort wird dann Platz geschaffen, indem Adressleiste und Websuche verkleinert werden.

Es stehen nicht viele weitere Funktionen zur Auswahl, die üblichen Copy-and-Paste-Optionen, Downloads, Mail und ein paar andere Standardfunktionen. Aber wenn Sie vorwiegend mit der Maus arbeiten, können sie doch dazu beitragen, Ihre Arbeit zu erleichtern.

Wenn Sie eins der gerade hinzugefügten oder eins der standardmäßig vorhandenen Elemente aus den Leisten entfernen wollen, klicken Sie einfach auf das entsprechende Element und ziehen Sie es auf das Fenster. Oder klicken Sie auf den Button *Standard wiederherstellen*, wenn Sie Ihre Änderungen rückgängig machen wollen.

Hinweis: Diesen Button brauche ich regelmäßig, weil es mir immer wieder gelingt, die Adressleiste so zu vergrößern, dass die Websuche verschwindet, und umgekehrt. Bisher habe ich noch keinen anderen Weg gefunden, mir das verschwundene Element wiederzubeschaffen.

Diese Funktion scheint allerdings einen kleinen Fehler zu haben. Wenn Sie Elemente in den freien Raum der Menüleiste platziert haben, werden diese nicht wieder gelöscht. Sie müssen sie von Hand daraus entfernen.

Neue Symbolleisten erstellen

Sie können auch eine neue Symbolleiste erstellen. Klicken Sie dazu auf den Button *Neue Symbolleiste* und geben Sie im nächsten Dialog den Namen für Ihre Symbolleiste ein. Ziehen Sie dann die Elemente darauf, die Sie benötigen, und schließen Sie das Fenster *Symbolleiste anpassen* mit einem Klick auf *Fertig*.

Das können Sie nutzen, wenn Sie die Firefox-Oberfläche nicht permanent mit massenhaft Buttons vollstopfen wollen. Wenn Sie eine eigene Symbolleiste definiert haben, können Sie sie genauso ein- und ausschalten wie die Standard-Symbolleisten von Firefox. Gehen Sie zu *Ansicht → Symbolleisten* und aktivieren bzw. deaktivieren Sie Ihre eigene Symbolleiste nach Bedarf.

Themes

Mit Themes können Sie Firefox ein anderes Aussehen verpassen. Sie bekommen dadurch keine neuen Buttons, Symbolleisten oder Funktionen, sondern verändern nur die Darstellung von Buttons, Symbolleisten, Menüs usw.

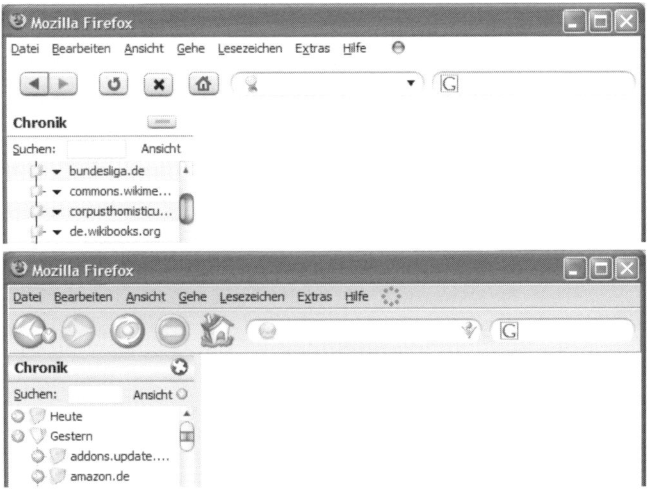

Abbildung 9-3:
Im Web finden Sie eine große Auswahl unterschiedlichster Themes für (fast) jeden Geschmack. Zwei kleine Kostproben: Saferfox und Noya.

Neue Themes installieren

Wenn Sie sich am Standard-Theme von Firefox satt gesehen haben und vielleicht lieber eins der oben zu sehenden Themes installieren möchten, gehen Sie folgendermaßen vor:

1. Öffnen Sie über *Extras → Themes* den Theme-Manager.
2. Klicken Sie unten rechts auf den Link »Themes herunterladen«. Sie werden dann zur Seite mit Firefox-Themes auf *update.mozilla.org* weitergeleitet.

3. Suchen Sie sich auf dieser Seite eins der am besten bewerteten (»top rated«) oder beliebtesten Themes (»most popular«) aus. Oder klicken Sie links auf »All«, um sich alle Themes anzeigen zu lassen, oder auf eine der Kategorien unter »All«, um so nach Themes zu suchen, die Sie interessieren.
4. Klicken Sie auf den Link zum entsprechenden Theme.
5. Klicken Sie unter der Beschreibung des Themes auf *Install now.*
6. Bestätigen Sie die Installation des Themes mit einem Klick auf *OK.*
7. Im Theme-Manager können Sie nun wie in Abbildung 9-4 den Fortschritt des Downloads sehen.

Abbildung 9-4: Über den Themen-Manager können Sie Themes verwalten und installieren. Unter dem Theme-Namen sehen Sie, wie viel von der Datei bereits heruntergeladen wurde.

8. Klicken Sie nach Abschluss des Downloads auf *Theme benutzen.*
9. Beenden Sie Firefox und starten Sie ihn neu, um das neue Theme zu verwenden.

Themes wechseln

Wenn Sie mehrere Themes installiert haben, können Sie über den Theme-Manager die Themes wechseln. Öffnen Sie den Theme-Manager, wählen Sie das Theme aus und klicken Sie auf *Theme benutzen*. Auch jetzt müssen Sie Firefox neu starten, damit Ihre Auswahl wirksam wird.

Themes deinstallieren

Wenn Ihnen eins der installierten Themes nicht gefällt und Sie es nicht länger auf Ihrem Rechner haben wollen, können Sie es leicht wieder deinstallieren. Wählen Sie im Theme-Manager das entsprechende Theme aus und klicken Sie unten links auf den Button *Deinstallieren*. Bestätigen Sie anschließend die Deinstallation mit *OK*.

Themes aktualisieren

Von Zeit zu Zeit stellen die Entwickler der Themes neue Versionen zur Verfügung. Wählen Sie im Theme-Manager das Theme aus und klicken Sie auf *Updaten*, um manuell nach einer neueren Version des Themes zu suchen. Werden Updates gefunden, leitet Sie der Update-Assistent durch den Aktualisierungsvorgang.

Hinweis: Mehr zur Aktualisierung von Firefox, Themes und Erweiterungen finden Sie in Anhang A.

Kapitel

10 Firefox erweitern

Firefox soll schlank, schnell und einfach zu verwenden sein, deswegen bietet seine Grundausstattung nur Funktionen, die wirklich zum Surfen erforderlich sind. Firefox ist aber auch leicht an die individuellen Bedürfnisse der unterschiedlichsten Nutzer anzupassen. Er verfügt über einen praktischen Erweiterungsmechanismus, über den man ihn nachträglich mit den unterschiedlichsten Funktionalitäten ausstatten kann. Im Web finden Sie hunderte von Erweiterungen, die (fast) alle Wünsche befriedigen: gezieltes Blockieren von Werbebannern, erweitertes Tabbed Browsing, Mausgesten und vieles mehr.

Erweiterungen installieren

Die zentrale Schnittstelle zur Verwaltung von Erweiterungen ist der Erweiterungsmanager (Abbildung 10-1), den Sie über *Extras → Erweiterungen* aufrufen. Mit einem Klick auf *Erweiterungen herunterladen* gelangen Sie zur Mozilla-Update-Seite, die Sie in Abbildung 10-2 sehen.

Auf der Startseite von Mozilla Update werden Ihnen wie bei den Themes jeweils die fünf beliebtesten bzw. am besten bewerteten Firefox-Erweiterungen präsentiert. Auf der linken Seite finden Sie verschiedene Kategorien. Wenn Sie auf »All Extensions« klicken, werden Ihnen alle zurzeit registrierten Erweiterungen angezeigt. Nicht in allen Unterkategorien sind schon Erweiterungen vorhanden.

Abbildung 10-1:

Der Erweiterungsmanager von Firefox. Bei einer frischen Firefox-Installation sind zunächst keinerlei Erweiterungen installiert.

Abbildung 10-2:

Die Mozilla-Update-Seite für Firefox-Erweiterungen. Hier können Sie sich einen Überblick darüber verschaffen, was es so an Erweiterungen gibt.

Zur Übung können Sie ja mal Adblock installieren. Das ist eine Erweiterung, die jeder installieren sollte, der sich nicht von Werbung terrorisieren lassen will. Sie bietet Ihnen wunderbare Möglichkeiten, um Werbebanner oder andere Grafiken zu filtern.

1. Gehen Sie zur Erweiterungen-Seite auf Mozilla Update.
2. Wählen Sie links die Kategorie »All Extensions«.
3. Momentan ist Adblock die zweite Erweiterung in der Liste. Wählen Sie »Install«, wenn Sie die Erweiterung direkt installieren wollen. Klicken Sie auf den Titel, wenn Sie sich erst mehr Informationen und die Bewertungen ansehen wollen, und klicken Sie dann auf *Install now*.
4. Bestätigen Sie im in Abbildung 10-3 zu sehenden Dialog *Software-Installation* mit *Jetzt installieren*, dass Sie die Erweiterung installieren möchten.

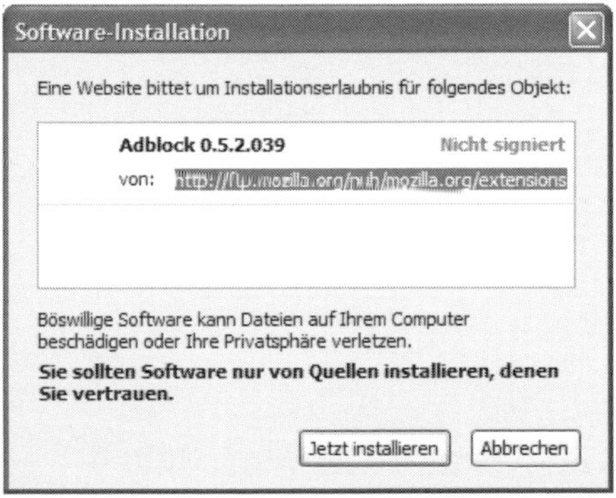

Abbildung 10-3: Aus Sicherheitsgründen müssen Sie die Installation noch einmal explizit bestätigen.

5. Nachdem der Download abgeschlossen ist, informiert Sie der Erweiterungsmanager wie in Abbildung 10-4, dass die Erweiterung beim nächsten Start von Firefox installiert wird.

Abbildung 10-4:
Adblock wurde heruntergeladen und wird beim nächsten Start installiert. Bei den meisten Erweiterungen geht das Herunterladen recht schnell, weil sie genauso schlank sind wie Firefox selbst.

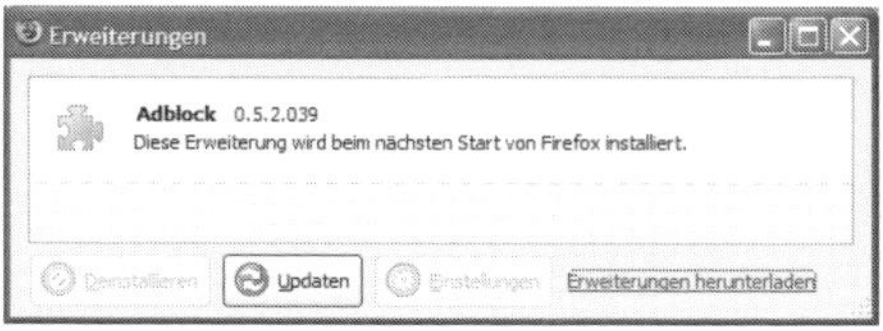

6. Starten Sie Firefox neu.

Wenn alles läuft, wie es sein sollte, haben Sie Ihre Firefox-Installation jetzt um Adblock erweitert. Bei Adblock können Sie das schon am *Adblock*-Button rechts unten in der Statusleiste erkennen. Oder rufen Sie einfach erneut den Erweiterungsmanager auf. Jetzt sehen Sie dort, welche Version der Erweiterung installiert ist, und eine kurze Beschreibung.

Hinweis: Am Ende dieses Kapitels gibt es einen Überblick über einige beliebte und nützliche Erweiterungen. Dort finden Sie auch noch mehr Informationen zu Adblock.

Wenn Sie Erweiterungen von anderen Quellen als der Mozilla-Update-Seite installieren, beachten Sie die Hinweise im Abschnitt »Software-Installation« in Kapitel 8, *Was Websites dürfen.*

Erweiterungen konfigurieren

Viele Erweiterungen bieten Ihnen Konfigurationsmöglichkeiten. Den entsprechenden Dialog können Sie im Erweiterungsmanager auf mehrere Arten aufrufen:

- Doppelklicken Sie auf die Erweiterung.
- Klicken Sie mit der rechten Maustaste auf die Erweiterung und wählen Sie im Kontextmenü *Einstellungen*.

- Wählen Sie die Erweiterung aus und klicken Sie unten auf den Button *Einstellungen*.

Stehen Ihnen diese Optionen nicht zur Verfügung, bedeutet das, dass es bei dieser Erweiterung für Sie nichts zu konfigurieren gibt.

Möchten Sie mehr über eine Erweiterung erfahren, sollten Sie zu ihrer Homepage gehen, falls es eine solche gibt. Rufen Sie dazu einfach im Erweiterungsmanager das Kontextmenü für die entsprechende Erweiterung auf und wählen Sie *Homepage besuchen*.

Erweiterungen deaktivieren bzw. reaktivieren

Wollen Sie eine der installierten Erweiterungen vorübergehend nicht einsetzen, können Sie sie deaktivieren.

1. Starten Sie den Erweiterungsmanager.
2. Klicken Sie mit der rechten Maustaste auf die entsprechende Erweiterung und wählen Sie im Kontextmenü *Deaktivieren*.
3. Starten Sie Firefox neu.

Diejenigen Funktionalitäten, die die Erweiterung bietet, stehen Ihnen jetzt nicht mehr zur Verfügung. Wollen Sie sie später wieder aktivieren, führen Sie einfach die gleichen Schritte durch und wählen Sie dabei die jetzt zu sehende Option *Aktivieren*.

Hinweis: Ist eine Erweiterung deaktiviert, können Sie sie trotzdem noch aktualisieren oder deinstallieren. Es ist dann allerdings nicht möglich, sie über die Einstellungen zu konfigurieren. Dazu müssen Sie sie erst wieder aktivieren.

Erweiterungen deinstallieren

Leistet eine Erweiterung nicht das, was Sie sich von ihr versprochen haben, können Sie sie vollständig deinstallieren.

Wählen Sie einfach im Erweiterungsmanager die entsprechende Erweiterung aus und klicken Sie dann unten auf den Button *Deinstallieren* (oder klicken Sie mit der rechten Maustaste auf die Erweiterung und wählen Sie im Kontextmenü die Option *Deinstallieren*). Bestätigen Sie die Deinstallation mit einem Klick auf *OK* und starten Sie Firefox neu, damit die Deinstallation wirksam wird.

Erweiterungen aktualisieren

Auch die Entwickler von Erweiterungen veröffentlichen immer wieder neue Versionen ihrer Produkte. Wenn Sie nachsehen wollen, ob für eine Erweiterung ein Update verfügbar ist, wählen Sie die Erweiterung aus und klicken dann auf *Aktualisieren*. Werden Updates gefunden, leitet Sie der Update-Assistent durch den Aktualisierungsvorgang.

Hinweis: Mehr zur Aktualisierung von Firefox, Themes und Erweiterungen erfahren Sie in Anhang A.

Ein paar Erweiterungen

Auf der Erweiterungen-Seite von *update.mozilla.org* finden Sie viele unterschiedliche Arten von Erweiterungen. Manche sind wunderbare Hilfsmittel, andere eher Spielereien. Manche sind eine Hilfe für jeden Firefox-Anwender, andere nur für wenige, die bestimmte spezielle Funktionalitäten suchen.

Natürlich ist es nicht möglich, alle Erweiterungen hier vorzustellen. Aber der folgende Abschnitt soll Ihnen wenigstens einen Überblick über ein paar praktische, hilfreiche und interessante Erweiterungen geben.

Diverses

Adblock

Eigentlich ist Adblock ein Muss. Wenn Sie wirklich etwas gegen Werbebanner tun wollen und dazu keine externen Hilfsprogramme verwenden wollen oder können, dann testen Sie diese Erweiterung.

Adblock verwendet einen ähnlichen, aber flexibleren Mechanismus wie die Grafik-Ausnahmen. Mit seiner Hilfe können Sie beispielsweise angeben, dass alle Grafiken, deren Adresse den Pfad *www.beispiel.de/ads* enthält, blockiert werden, ohne dass das Auswirkungen auf Grafiken hat, die die Website z.B. unter *www.beispiel.de/img* vorhält. Diese Differenzierung ist mit den gewöhnlichen Grafik-Ausnahmen nicht möglich. Damit können Sie nur generell alle Grafiken der Website *www.beispiel.de* zulassen oder blockieren.

Klicken Sie einfach auf den Adblock-Button rechts unten in der Statusleiste. Adblock zeigt Ihnen dann alle Elemente der Seite an, die blockiert werden können. Wählen Sie die Adresse des Elements aus, das Sie blockieren möchten, und bilden Sie bei »New filter« mit Hilfe des Sternchens ein Muster für diese und ähnliche Webadressen, wie Sie es in Abbildung 10-5 sehen.

FoxyTunes

Sie hören beim Arbeiten Musik? Dann installieren Sie FoxyTunes, wenn Sie nicht immer zwischen Browser und Media-Player wechseln wollen. Es verschafft Ihnen unten in der Statusleiste eine Schnittstelle, über die Sie auf eine Vielzahl von Media-Playern zugreifen können.

ForcastFox

Sie hängen stundenlang vor Ihrem Rechner, gehen raus und werden grundsätzlich vom Regen überrascht, wenn Sie keinen Schirm zur Hand haben. Wenn Sie diese freundliche

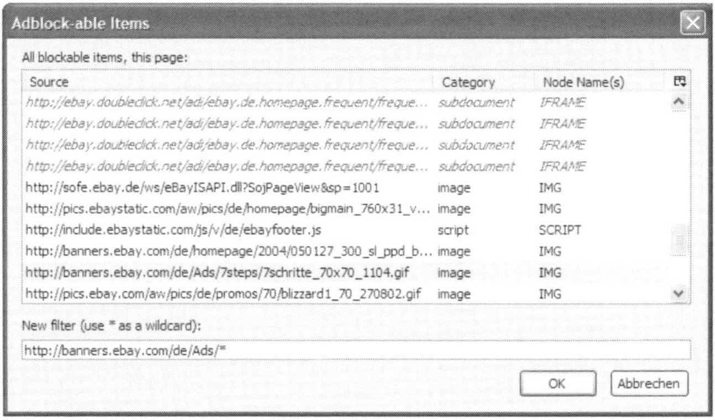

Abbildung 10-5:

Mit Hilfe des Sternchens können Sie ein Muster für Webadressen von Grafiken bilden, die in Zukunft blockiert werden sollen.

kleine Erweiterung installiert haben, sollte Ihnen das nicht mehr passieren.

ForcastFox zeigt Ihnen das aktuelle Wetter für die verschiedensten Orte auf der ganzen Welt an. Sie können detailliert angeben, welche Informationen Sie sehen wollen und an welcher Stelle von Firefox sie angezeigt werden sollen.

Auch wenn das Einstellungen-Fenster von ForcastFox auf Deutsch daherkommt, reicht es nicht aus, wenn Sie dort einfach Ihre deutsche Postleitzahl angeben. Verwenden Sie den Button *Finde Code*, um den erforderlichen Code für Ihre Region zu ermitteln. Bei der Eingabe der Region müssen Sie außerdem darauf achten, dass Sie die korrekte internationale Bezeichnung angeben – für »Köln« wäre das beispielsweise »Cologne, Germany«.

IEView

Diese Erweiterung ermöglicht Ihnen, über das Firefox-Kontextmenü die Webseite, die gerade geladen ist, im Internet

Explorer zu laden. Öffnen Sie dazu das Kontextmenü und wählen Sie die Option *View this Page in IE*. Das ist zum Beispiel bei Sites wie »Microsoft Windows Update« praktisch, die ActiveX benötigen.

Downloads

Obwohl Firefox mit seinem Download-Manager schon mehr Komfort bei Downloads bietet, als man es von anderen Browsern gewohnt ist, gibt es eine Reihe von praktischen Erweiterungen, die Ihnen das Speichern von Webinhalten noch mehr erleichtern.

Download Manager Tweak

Diese Erweiterung ermöglicht es Ihnen, den Firefox-Download-Manager statt in einem eigenen Fenster in der Sidebar oder auch in einem eigenen Tab wie eine Webseite zu laden. Die Darstellung als Webseite ist praktisch, wenn Sie alle Informationen zu den verschiedenen Downloads auf einen Blick sehen wollen. Sie müssen nicht mehr erst das Kontextmenü aufrufen und *Eigenschaften* wählen, um zu erfahren, wo eine heruntergeladene Datei gespeichert wurde.

Down Them All

Sie ärgern sich auch jedes Mal, dass Sie immer wieder dieselben Schritte wiederholen müssen, wenn Sie von einer Webseite mehrere Inhalte herunterladen wollen? Besorgen Sie sich einfach diese Erweiterung. Dann müssen Sie nur noch das Kontextmenü aufrufen, dort *Down Them All* wählen und im nachfolgenden Dialog die Objekte auswählen, die Sie gerne herunterladen möchten.

fireFTP

fireFTP ist ein vollständiger FTP-Client, der Datei-Downloads und -Uploads unterstützt. Sie können ihn entweder als eigenständiges Browserfenster oder in einem Tab anzeigen lassen.

FlashGot

FlashGot ist eine Erweiterung, über die Firefox mit verschiedenen Download-Managern zusammenarbeiten kann. Über die Kontextmenü-Option *Alles mit FlashGot laden* können Sie einen vorher ausgewählten Download-Manager aufrufen, um alle oder ausgewählte Inhalte einer Seite zu laden.

FlashGot ist selbst kein Download-Manager. FlashGot bietet Firefox-Integration für unterschiedliche Download-Manager und keine eigenständigen Download-Funktionalitäten. Man könnte es also eher als einen Download-Manager-Manager bezeichnen. Sie müssen einen der von FlashGot unterstützten Download-Manager installieren, damit Sie FlashGot nutzen können.

Inhalte verarbeiten

AutoCopy

AutoCopy sorgt dafür, dass ein Inhalt, den Sie in Firefox markiert haben, automatisch in die Zwischenablage kopiert wird. Sie müssen den Kopiervorgang dann nicht mehr manuell durchführen.

ScrapBook

Wenn Sie viel offline arbeiten und deswegen häufig Webseiten speichern, ist ScrapBook eine gute Wahl. Über die Kontextmenü-Optionen *Capture Page* und *Capture Page As* können Sie komplette Webseiten im ScrapBook speichern.

Die dort abgelegten Dateien können Sie dann abrufen, indem Sie das ScrapBook über *Ansicht → Sidebar → ScrapBook* in der Sidebar einblenden. Dort können Sie die gespeicherten Seiten in Ordnern organisieren, durchsuchen und Notizen anlegen, die Sie im Browserfenster schreiben. Wenn Sie unten in der Statusleiste auf den Button *Edit* klicken, können Sie die gespeicherten Seiten sogar mit Kommentaren versehen.

Translate

Wenn es Ihnen öfter mal passiert, dass Sie auf eine fremdsprachige Webseite stoßen, die Sie nicht verstehen, können Sie mit Translate direkt auf einen Online-Übersetzer zugreifen. Markieren Sie den entsprechenden Text und wählen Sie im Kontextmenü *Übersetz ...* und die entsprechende Sprache. Bei der Zielsprache Deutsch haben Sie hier nur Englisch und Französisch zur Auswahl. Wenn Sie schon mal ein Übersetzungs-Tool verwendet haben, wissen Sie sicher bereits, dass die Übersetzungsergebnisse bei längeren Texten nur selten wirklich zu gebrauchen sind.

Navigation

All-in-One Gestures

Sie lieben Ihre Maus und möchten Firefox am liebsten vollständig mit ihr steuern? Mausgesten machen es möglich. Es gibt verschiedene Erweiterungen, die Mausgesten für Firefox bieten. All-in-One Gestures ist nur eine davon. Da der Funktionsumfang der einzelnen Erweiterungen ähnlich ist, wird hier nur eine vorgestellt. Finden Sie einfach selbst heraus, welche am besten zu Ihrer Arbeitsweise passt.

Eine Mausgeste beschreiben Sie, wenn Sie eine vorher festgelegte (normalerweise die rechte) Maustaste drücken und den Mauszeiger dabei in bestimmte Richtungen bewegen. Ziehen Sie den Mauszeiger bei gehaltener rechter Maustaste nach links, gehen Sie normalerweise eine Webseite in der Liste der besuchten Webseiten zurück. Ziehen Sie den Mauszeiger nach rechts, gehen Sie eine Seite nach vorn. Damit brauchen Sie nicht mehr in die Navigationsleiste zu gehen, um dort die entsprechenden Buttons zu drücken.

Mausgesten bieten Ihnen oft aber noch viel mehr Funktionalitäten, als Sie über Buttons aufrufen können. Beispielsweise können Sie damit beliebig viele Links in Tabs öffnen:

Drücken Sie die rechte Maustaste, ziehen Sie den Mauszeiger über alle Links, die Sie öffnen wollen, und schließen Sie die Mausgeste wie in Abbildung 10-6 dann mit Maus nach links, Maus nach oben, Maus nach rechts ab.

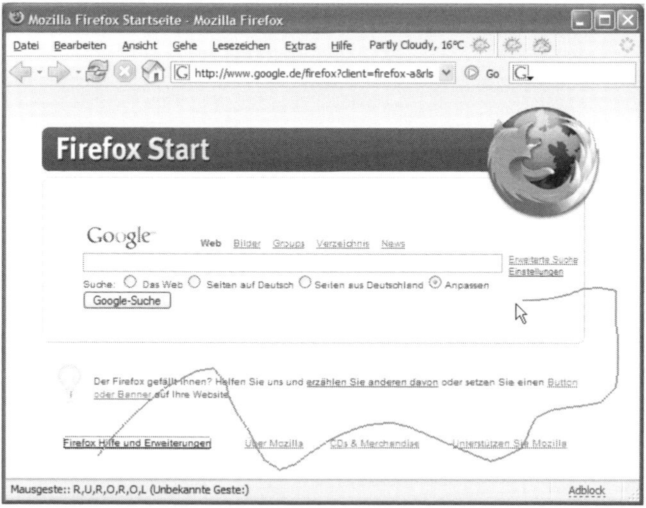

Abbildung 10-6:

Auch wenn in der Statuszeile »Unbekannte Geste« steht: Mit dieser Mausgeste öffnen Sie alle Links, über die Sie mit der Maus gefahren sind, in Tabs.

Man muss etwas herumprobieren, bis man raus hat, wie man Firefox über Mausgesten steuert. Hat man es aber einmal raus, will man diese Möglichkeit nicht mehr missen. Rufen Sie die Einstellungen von All-in-One Gestures auf und klicken Sie auf den Tab »Gesten anpassen«, um zu sehen, welcher Funktion welche Geste zugeordnet ist, oder um Gesten anzupassen.

RSS

infoRSS

infoRSS zeigt die Schlagzeilen eines ausgewählten RSS-Channels in der Statusleiste an – sehr praktisch, wenn Sie zu bestimmten Themen jederzeit auf dem Laufenden gehalten werden wollen.

Sage

Sage ist ein RSS-Reader, den Sie in der Sidebar einblenden können. Wenn die dynamischen Lesezeichen von Firefox Sie auf den Geschmack gebracht haben, können Sie über Sage mehrere RSS-Channel leichter verwalten.

Suchen

ConQuery

ConQuery bietet Ihnen Websuchen über das Kontextmenü. Markieren Sie einen Begriff auf einer Webseite, klicken Sie mit der rechten Maustaste darauf und wählen Sie *Suche mit …* und dann eine der installierten Suchmaschinen.

ConQuery verwendet die normalen Firefox-Such-Plugins, besitzt aber auch einen eigenen Mechanismus zur Erzeugung von Such-Plugins. Der Einstellungen-Dialog zu ConQuery bietet Informationen zu den installierten Such-Plugins und Möglichkeiten, sie zu verwalten, die man bei der integrierten Websuche von Firefox vielleicht vermisst.

Googlebar

Vermissen Sie trotz Websuche Ihre Google Toolbar? Googlebar ist der Firefox-Ersatz dafür.

GooglePreview

GooglePreview bettet in Ihre Google-Suchergebnisse eine Vorschau auf die Suchergebnisse ein. Es dauert etwas länger, bis die Seite mit den Suchergebnissen aufgebaut wird, aber dann können Sie besser erkennen, welche der gefundenen Seiten Ihnen am ehesten die gewünschten Informationen liefert.

Tabs

FLST

Die Auflösung dieses kryptischen Namens lautet: Focus Last Selected Tab. Wenn Sie den aktuellen Tab schließen, wird der Fokus bei Firefox normalerweise auf den letzten Tab im Fenster verschoben. Das ist nicht sonderlich intuitiv, wenn man es gewohnt ist, dass das zuletzt aktive Fenster reaktiviert wird, wenn ein Fenster geschlossen wird.

FLST bewirkt, dass die Tabs von Firefox sich so verhalten, wie man es von Fenstern kennt. Es wird nicht mehr der letzte Tab im Fenster aktiviert, sondern derjenige, der zuletzt aktiv war.

Tabbrowser Preferences

Wenn Sie die Konfigurationsmöglichkeiten für Tabs etwas mickrig finden, sollten Sie sich diese Erweiterung besorgen. Tabbrowser Preferences fügt dem Einstellungen-Dialog einen neuen Abschnitt hinzu, der Ihnen, wie Sie in Abbildung 10-7 sehen, deutlich mehr Möglichkeiten zur Steuerung des Tabbed-Browsing-Verhaltens gibt.

Mit dieser Erweiterung können Sie beispielsweise festlegen, dass nicht nur die angewählten Links in Tabs geöffnet werden, sondern auch die Ergebnisse, die Ihnen eine Websuche liefert. Standardmäßig müssen Sie vor der Durchführung einer Websuche einen neuen Tab öffnen, wenn Sie vermeiden wollen, dass die Webseite, die aktuell geladen ist, überschrieben wird. Diese Erweiterung macht das überflüssig.

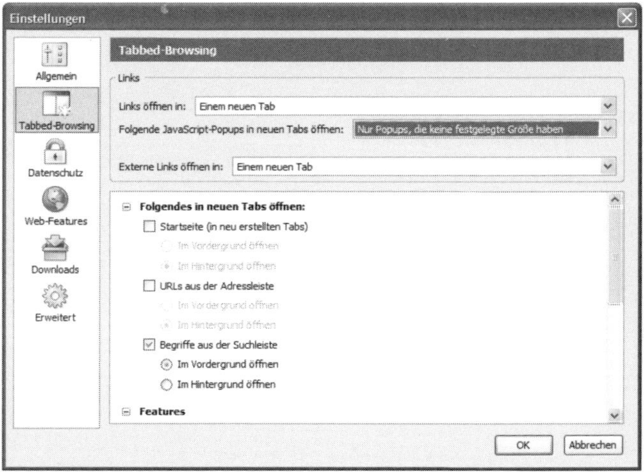

Abbildung 10-7:
Erweiterte Konfigurationsmöglichkeiten für Tabbed-Browsing.

Kapitel 11

Benutzerprofile

Firefox bietet Ihnen die Möglichkeit, Benutzerprofile anzulegen. Benutzerprofile sind nützlich, wenn mehrere Benutzer unter demselben Namen auf einem Rechner arbeiten. Sie ermöglichen es, die Daten (z.B. Formulareingaben) und Browser-Einstellungen dieser Benutzer auseinander zu halten. Sie können auch praktisch sein, wenn Sie selbst ab und zu mit unterschiedlichen Einstellungen surfen wollen.

Profile

Alle Ihre Benutzerdaten werden in Profilen gespeichert. Dazu zählen die Daten, die beim Surfen gesammelt werden, wie Lesezeichen, gespeicherte Formulardaten, besuchte Webseiten usw. Dazu zählen aber auch die Browsereinstellungen, die Sie über den Einstellungen-Dialog festlegen, und Themes und Erweiterungen, mit denen Sie Firefox ausstatten. Außerdem können Profile auch noch ein paar benutzerdefinierte Konfigurationsdateien enthalten, deren Inhalt nicht direkt aus Firefox heraus angepasst werden kann, sondern manuell bearbeitet werden muss.

Auch wenn Sie meinen, dass Sie keine Profile verwenden, ist immer bereits ein Profil im Einsatz. Das ist das Standardprofil, in dem alle Einstellungen und Daten gespeichert werden, wenn nicht explizit unter einem bestimmten Profil gearbeitet wird.

Wenn Sie mit mehreren Profilen arbeiten, starten Sie Firefox immer unter einem dieser Profile. Die Daten, die bei der Arbeit mit diesem Profil gesammelt werden, und die Einstellungen, die dabei vorgenommen wurden, werden dann unter diesem Profil gespeichert. Später können Sie nur darauf zurückgreifen, wenn Sie wieder mit diesem Profil arbeiten.

Das heißt beispielsweise, dass Themes oder Erweiterungen, die Sie installiert haben, nur unter dem Profil verfügbar sind, unter dem sie installiert wurden. Gespeicherte Passwörter sind ebenfalls nur unter dem Profil verfügbar, unter dem sie gespeichert wurden.

Hinweis: Plugins hingegen sind nach ihrer Installation unter allen Profilen verfügbar. Das ist einer der entscheidenden Unterschiede zwischen Plugins und Erweiterungen. Plugins sind aus- und einstöpselbare Programmkomponenten, die deswegen auch unter den Anwendungskomponenten gespeichert werden und für alle Profile und Benutzer verfügbar sind. Erweiterungen sind Programmzusätze, die gemeinsam mit den Benutzerdaten gespeichert werden und jeweils benutzer- und profilspezifisch sind.

Das heißt auch, dass alle Daten, Themes und Erweiterungen, die unter einem Profil gespeichert wurden, verloren gehen, wenn das Profil gelöscht wird.

Mit Profilen arbeiten

Es ist nicht möglich, aus Firefox heraus auf Profile zuzugreifen. Wenn Sie ein Profil anlegen oder unter einem anderen Profil arbeiten wollen, müssen Sie Firefox beenden und mit Hilfe des Profil-Managers neu starten.

Den Profil-Manager starten Sie, indem Sie Firefox mit der Option `-profilemanager` starten. Unter Windows wählen Sie dazu *Start → Ausführen* und geben dann `firefox.exe -profilemanager` (unter Umständen reicht auch `firefox.exe -p`) ein. Unter Linux geben Sie einen äquivalenten Befehl in Ihrer Shell ein. Sie sollten dann den Dialog vor sich haben, den Sie in Abbildung 11-1 sehen.

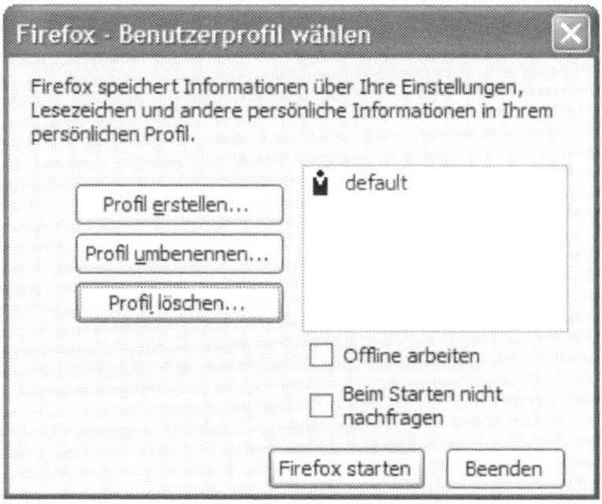

Abbildung 11-1: Über den Profil-Manager können Sie auswählen, welches Profil bei der aktuellen Firefox-Session verwendet werden soll. Sie können außerdem neue Profile erstellen, vorhandene verwalten und den Umgang mit Profilen konfigurieren.

Ein Profil anlegen

Bei der Installation von Firefox wird nur das Standardprofil angelegt. Wenn Sie für die tägliche Arbeit weitere Profile anlegen wollen, können Sie das im Profil-Manager tun.

1. Klicken Sie im Profil-Manager auf den Button *Profil erstellen*.
2. Lesen Sie im Begrüßungsfenster des Profil-Assistenten die Informationen zu Profilen und klicken Sie dann auf *Weiter*.
3. Geben Sie im Textfeld »Geben Sie den neuen Profilnamen ein«, das Sie in Abbildung 11-2 sehen, den Namen ein, den Sie dem Profil geben wollen.
4. Wählen Sie optional einen Ordner aus, in dem das Profil gespeichert werden soll. Klicken Sie dazu auf den Button *Ordner wählen* und suchen Sie in Ihrem Dateisystem den gewünschten Ordner aus. Klicken Sie auf *OK*. (Wenn Sie einen Ordner gewählt haben, der nicht im normalen Profil-Ordner enthalten ist, können Sie mit einem Klick

auf *Standardordner verwenden* stattdessen wieder zum vorgegebenen Ordner zurückkehren.)

5. Klicken Sie auf *Fertigstellen*.

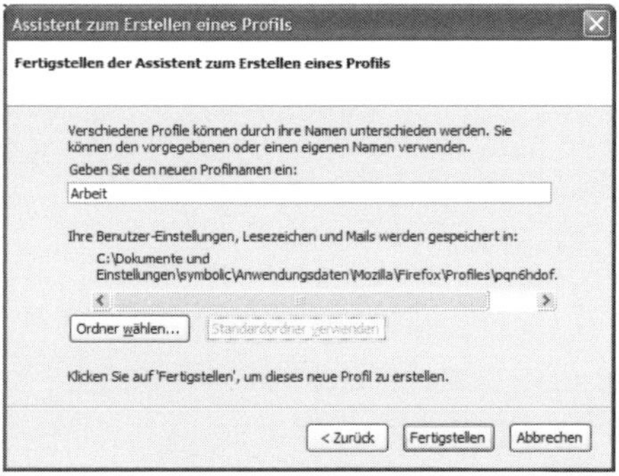

Abbildung 11-2:
Der Profil-Assistent unterstützt Sie beim Anlegen eines neuen Profils.

Profile verwenden

Um ein bestimmtes Profil zu verwenden, wählen Sie es einfach in der Liste aus, die Sie rechts im Profil-Manager sehen, und klicken dann auf *Firefox starten*.

Wenn Sie mit Profilen arbeiten, müssen Sie aber nicht notwendigerweise immer den Umweg über den Profil-Manager gehen. Wenn Sie Firefox mit einem bestimmten Profil gestartet haben, merkt sich Firefox diese Wahl. Wenn Sie Firefox erneut starten, ohne den Profil-Manager aufzurufen, verwendet er automatisch wieder dieses Profil. Auf den Profil-Manager müssen Sie nur zurückgreifen, wenn Sie ein anderes Profil verwenden oder Ihre Profile verwalten wollen.

Wenn Sie häufig zwischen Ihren Profilen wechseln, können Sie unten im Profil-Manager die Option »Beim Starten nicht nachfragen« deaktivieren. Beim Start von Firefox wird dann automatisch der Profil-Manager aufgerufen. Sie können sich dadurch den Umweg über *Start → Ausführen* sparen.

Wenn Sie Ihre Profile eher selten wechseln, finden Sie es wahrscheinlich lästig, den Start von Firefox jedes Mal im Profil-Manager bestätigen zu müssen. Dann sollten Sie die Option »Beim Starten nicht nachfragen« aktiviert lassen.

Profile umbenennen

Wählen Sie in der Liste der Profile ein Profil aus und klicken Sie auf den Button *Profil umbenennen*, wenn Sie dem Profil einen anderen Namen geben wollen. Geben Sie statt des alten Namens einen neuen Namen ein und klicken Sie auf *OK*.

Profile löschen

Vorhandene Profile können jederzeit wieder gelöscht werden. Klicken Sie dazu im Profil-Manager auf den Button *Profil löschen*. Wählen Sie dann im Dialog *Profil löschen* die durchzuführende Aktion aus.

- **Dateien nicht löschen:** Es wird nur der Eintrag für dieses Profil aus der Liste der vorhandenen Profile gelöscht. Die mit dem Profileintrag verknüpften Daten bleiben auf der Festplatte erhalten. Wählen Sie diese Option, wenn Sie sich nicht sicher sind, ob Sie die entsprechenden Daten nicht doch irgendwann wieder benötigen. Sie können die Daten dann später wiederverwenden. (Wie das geht, erfahren Sie unten im Abschnitt »*Profile wiederverwenden*«.)
- **Dateien löschen:** Eintrag und Daten werden gelöscht. Wählen Sie diese Option, wenn Sie sicher sind, dass Sie die Daten nicht mehr benötigen, und Platz auf Ihrer Festplatte schaffen wollen. Diese Option sollten Sie auch wählen, wenn Sie sichergehen wollen, dass die sensitiven Daten, die in Ihrem Profil gespeichert sind, nicht in falsche Hände gelangen.

- **Abbrechen:** Bricht den Löschvorgang ab, falls Sie es sich doch anders überlegt haben.

Profile wiederverwenden

Manchmal möchten Sie bestehende Profile wiederverwenden:

- Sie haben ein Profil gelöscht und dabei die ihm zugeordneten Daten behalten und wollen später wieder auf diese Daten zugreifen.
- Sie haben ein Mehrbenutzer-System und möchten mehreren Benutzern Zugriff auf das gleiche Firefox-Profil ermöglichen.
- Sie möchten ein Profil weiterverwenden, das Sie unter einer früheren Firefox-Version verwendet haben, das bei der Installation der neuen Version aber leider nicht übertragen wurde. (Voraussetzung dafür ist jedoch, dass Sie vor der Installation der neuen Firefox-Version alle eventuell installierten Themes und Erweiterungen deinstalliert haben.)

Wenn Sie vor einem dieser Probleme stehen, haben Sie zwei Möglichkeiten: Sie können den Profil-Manager verwenden, um ein neues Profil anzulegen, das auf den vorhandenen Daten basiert, oder Sie können die Firefox-Konfigurationsdatei *profiles.ini* so anpassen, dass die alten Daten als Profil in die neue Installation eingebunden werden.

Neue Profile auf Basis alter Daten anlegen

Beim Anlegen von Profilen haben Sie gesehen, dass Sie den Ordner aussuchen können, in dem ein Profil gespeichert wird. Bevor Firefox den Ordner mit neuen Profildateien füllt, prüft er, ob sich in diesem Ordner bereits Profildaten befinden. Ist das der Fall, werden die Ordner und Dateien wiederverwendet, die bereits vorhanden sind. Es werden nur die erforderlichen Ordner und Dateien erzeugt, die noch nicht bestehen. Das können Sie nutzen, um Profile wiederzuverwenden.

Warnung: Bevor Sie die folgenden Schritte durchführen, sollten Sie auf alle Fälle eine Sicherheitskopie der entsprechenden Daten anlegen. Falls es zu Problemen kommt, können Sie Ihr Profil dann über die Sicherheitskopie wiederherstellen.

Um ein Profil wiederzuverwenden, führen Sie folgende Schritte durch:

1. Öffnen Sie den Profil-Manager.
2. Klicken Sie auf *Profil erstellen.*
3. Geben Sie einen Profilnamen ein.
4. Klicken Sie auf *Ordner wählen.*
5. Suchen Sie nach dem Ordner, der die gewünschten Profildaten enthält. (Eine Aufstellung der Orte, an denen Firefox Profile bei den unterschiedlichen Systemen speichert, finden Sie in Tabelle C-1 von Anhang C.)
6. Klicken Sie auf *OK.*
7. Klicken Sie auf *Fertigstellen.*

Tipp: Wenn Sie ein Profil unter mehreren Benutzern verwenden wollen, müssen Sie sicherstellen, dass alle Benutzer Schreibrechte für den Profilordner haben. Unter Windows XP könnten Sie ein solches gemeinsames Profil beispielsweise im Ordner *Gemeinsame Dokumente* anlegen. Sie sollten dabei auch darauf achten, dass immer nur ein Benutzer auf die Profildaten zugreift.

Dieser Mechanismus ist sehr flexibel. Firefox baut auch dann ein funktionierendes Profil auf, wenn nur Teile der erforderlichen Profilinformationen existieren. Je nachdem, wie vollständig die Daten sind, kann es dann allerdings passieren, dass Ihnen trotzdem nicht alle Daten zur Verfügung stehen, die in den einzelnen Dateien eigentlich vorhanden wären.

Wenn Sie wissen, was Sie tun, können Sie das nutzen, wenn Sie nur bestimmte Komponenten eines Profils in anderen Profilen wiederverwenden wollen. Werfen Sie einen Blick in den Abschnitt *Einzelne Profildaten wiederverwenden*, wenn Sie erfahren wollen, welche Profildateien Sie dazu benötigen.

Mit Hilfe von profiles.ini Profile einbinden

Die Datei *profiles.ini* ist die Profilregistratur. In ihr sind alle Profile eingetragen, die unter einer Firefox-Installation bekannt sind. Wenn Sie mit dem Profil-Manager ein neues Profil anlegen, wird es in diese Datei eingetragen; wenn Sie eins löschen, wird es aus ihr entfernt. Das Ganze können Sie auch manuell durchführen.

Sie finden die Datei *profiles.ini* normalerweise auf derselben Ebene wie den *Profiles*-Ordner, in dem Firefox die einzelnen Profile speichert. Unter Windows XP finden Sie sie beispielsweise unter *C:\Dokumente und Einstellungen\{Benutzername}\Anwendungsdaten\Mozilla\Firefox.*

Im Folgenden werden wir diese Datei so anpassen, dass wir in eine Firefox 1.0-Installation ein Profil einbinden, das unter Firefox 0.8 oder älter verwendet wurde.

Hinweis: Es kann erforderlich sein, diesen Schritt manuell durchzuführen, weil diese Profile bei der Installation von Firefox 1.0 unter bestimmten Umständen nicht automatisch übernommen werden.

Bei älteren Firefox-Versionen wurden Profile noch unter einem anderen Pfad gespeichert. Unter Windows XP war der Pfad zum Standardprofil beispielsweise *C:\Dokumente und Einstellungen\Anonymous\Anwendungsdaten\Phoenix\Profiles\default*, und der Name eines Profils hatte eine andere Struktur, z.B. *9fr7u1aa.slt*.

Öffnen Sie dazu zunächst die Datei *profiles.ini*. Wenn Sie Firefox gerade frisch installiert haben, sieht diese Datei ungefähr so aus:

```
[General]
StartWithLastProfile=1

[Profile0]
Name=default
IsRelative=1
Path=Profiles/fof8xdd1.default
```

Im Abschnitt `[General]` finden Sie allgemeine Informationen zur Arbeit mit Profilen. Der einzige Parameter, den Sie dort normalerweise sehen, ist `StartWithLastProfile`. Der Wert 1 besagt, dass beim Start von Firefox das zuletzt verwendete Profil wiederverwendet werden soll. Ist der Wert 0, wird beim Start von Firefox der Profil-Manager aufgerufen, in dem Sie ein Profil auswählen können.

Die `[Profile`*N*`]`-Abschnitte vertreten jeweils ein registriertes Profil. Im Beispiel oben gibt es bisher nur `[Profile0]`.

Diese Liste werden wir jetzt um einen Profileintrag erweitern, den wir einfach ans Ende der Liste anhängen. Mit diesem Eintrag werden wir das alte Firefox 0.8-Profil in der Profilliste der neuen Firefox-Version registrieren. Der entsprechende Eintrag könnte z.B. so aussehen:

```
[Profile1]
Name=altesProfil
IsRelative=0
Path=C:\Dokumente und Einstellungen\Anony-
mous\Anwendungsdaten\Phoenix\Profiles\
default\9fr7u1aa.slt
Default=1
```

Passen Sie die entsprechenden Angaben einfach an die Gegebenheiten Ihres Systems an. `Name` ist der Name des Profils und `Path` der Verzeichnispfad zu den Daten. Der Pfad hier verweist auf das oben genannte Firefox 0.8-Profil unter Windows XP.

Der Parameter `IsRelative` gibt an, ob der Verzeichnispfad zum Profil relativ zum Speicherort der Datei *profiles.ini* ist. Da das in diesem Fall nicht so ist, muss der Wert 0 sein.

Sie können den Ordner mit dem alten Profil auch komplett oder teilweise in den *Profiles*-Ordner der Anwendungsdaten für die neue Version kopieren. Dann müssten Sie hier den Wert 1 verwenden. Als Pfad müssen Sie dann nur den relativen Pfad zum entsprechenden Profil angeben, d.h. *Profiles/9fr7u1aa.slt*.

`Default=1` gibt an, dass dieses Profil das Standardprofil ist, das beim Start von Firefox geladen wird. Diese Information sorgt dafür, dass Sie nicht erst den Umweg über den Profil-Manager nehmen müssen, um auf das Profil zuzugreifen. Steht diese Information schon in einem der anderen `[Profile`$_N$`]`-Abschnitte, sollten Sie sie dort entfernen.

Firefox ist in Bezug auf die Informationen in dieser Datei nicht sonderlich empfindlich. Sie sehen keinerlei Fehlermeldungen, falls Ihr Profil auf Grund falscher Angaben nicht geladen werden kann. Wenn Firefox mit den Informationen in *profiles.ini* nichts anfangen kann, verwendet er einfach die Standardeinstellung.

Einzelne Profildaten wiederverwenden

Oft wollen Sie aber gar keine vollständigen Profile wiederverwenden, sondern nur einzelne Daten wie gespeicherte Passwörter, Lesezeichen, Erweiterungen und Themes oder die Einstellungen der Firefox-Benutzeroberfläche. Dann reicht es aus, wenn Sie einzelne der Dateien, aus denen ein vollständiges Profil besteht, in ein anderes Profil übertragen. Eine Aufstellung dieser Ordner und Dateien und eine kurze Erläuterung ihres jeweiligen Zwecks finden Sie in Anhang C.

Warnung: Alles, was über das Kopieren von Benutzerdaten hinausgeht, stellt eine Gefahr für Ihre Firefox-Installation dar. Wenn Sie hier etwas herumexperimentieren wollen, seien Sie sich des Risikos bewusst. Legen Sie auf alle Fälle vorher Sicherheitskopien Ihrer Profile an.

Im Folgenden finden Sie ein paar Tipps dazu, wie Sie mehrere Firefox-Installationen oder -Profile in verschiedener Hinsicht einander angleichen können. Sie können sie nutzen, um die entsprechenden Dateien in neuen Ordnern zu speichern, die Sie dann mit der im vorangehenden Abschnitt beschriebenen Technik als Basis für neu anzulegende Profile verwenden. Sie können sie aber auch nutzen, um in bestehenden Profilen bestimmte Dateien durch andere Dateien auszutauschen.

Benutzerdaten übertragen

Wenn Sie nur die Daten übertragen wollen, die beim Surfen gesammelt werden, sind folgende Dateien interessant:

- *bookmarks.html*
- *cookies.txt*
- *history.dat*
- *hostperm.1*
- *formhistory.dat*
- *key3.db*
- *signons.txt*

Die Datei *bookmarks.html* enthält Ihre Lesezeichen. Kopieren Sie einfach diese Datei, wenn Sie Lesezeichen in ein anderes Profil übernehmen wollen. Dazu können Sie allerdings auch die Importieren-Funktionalität des Lesezeichen-Managers verwenden.

cookies.txt, *history.dat* und *formhistory.dat* enthalten Cookies, die Chronik bzw. gespeicherte Formulardaten. Kopieren Sie die Dateien für die Daten, die Sie benötigen. *signons.txt* und *key3.db* müssen Sie beide übertragen, wenn Sie Ihre gespeicherten Passwörter übernehmen wollen.

Wenn Sie schon viel Arbeit darauf verwendet haben, Ausnahmen für Grafiken, Cookies, Pop-ups usw. zu erstellen, sollten Sie *hostperm.1* kopieren. In dieser Datei sind alle entsprechenden Daten gespeichert. Sie müssen dann die ganze Arbeit nicht noch einmal machen.

Themes und Erweiterungen

Themes und Erweiterungen in ein anderes Profil zu übertragen ist *eigentlich* nicht möglich. Normalerweise müssen diese für jede Firefox-Installation und jedes Firefox-Profil separat installiert werden.

Aber wenn Sie in mehreren Profilen auf demselben System dieselben Erweiterungen oder Themes verwenden wollen, dann ist es, wenn Sie Glück haben, doch möglich. Wenn Sie den Versuch unternehmen wollen, müssen Sie folgende Ordner bzw. Dateien kopieren:

- *chrome*
- *extensions*
- *prefs*.js

Wenn die von Ihnen installierten Erweiterungen zusätzliche Ordner oder Dateien verwenden, sollten Sie diese ebenfalls kopieren. Da Erweiterungen jeweils verschiedene zusätzliche Dateien oder Ordner benötigen, ist es hier natürlich nicht möglich anzugeben, welche das im Einzelnen sind. Da müssen Sie eventuell etwas herumexperimentieren.

Einheitliche Firefox-Benutzeroberflächen

Wenn Sie Firefox-Installationen auf unterschiedlichen Systemen einen einheitlichen Look verpassen wollen, müssen

Sie allerdings nicht jede einzeln anpassen. Legen Sie einfach auf Ihrem Referenzsystem eine Kopie der Datei *localstore.rdf* an und fügen Sie sie in die Firefox-Profile der anderen Systeme ein.

Anhang

A

Installation und Aktualisierung

Firefox installieren

Die Installation von Firefox ist eigentlich sehr einfach. Sie müssen dabei nur wenige Dinge beachten:

- Zur Installation von Firefox sind Administratorrechte erforderlich. Versuchen Sie Firefox als Benutzer mit eingeschränkten Rechten zu installieren, führt das bei der späteren Verwendung zu Problemen. Wenn Sie keinen Administratorzugang zu Ihrem System haben, bitten Sie Ihren Systemadministrator, Firefox für Sie zu installieren.
- Wenn Sie bereits eine ältere Firefox-Version auf Ihrem Rechner haben, sollten Sie alle Erweiterungen deinstallieren, bevor Sie versuchen, die neue Version zu installieren. Nach erfolgter Firefox-Installation können Sie sich die für diese Firefox-Version passenden Versionen der Erweiterungen besorgen.

Sind diese Bedingungen erfüllt, können Sie sich an die Installation von Firefox machen. Dazu müssen Sie sich natürlich zunächst einmal das Installationsprogramm für Ihr System besorgen. Am einfachsten geht das über die Firefox-Website:

1. Gehen Sie zu *http://www.mozilla-europe.org/de/products/firefox/*, der Firefox-Seite von Mozilla.

2. Klicken Sie in der Leiste auf der linken Seite unter »Download« auf den Eintrag für Ihr Betriebssystem. (Im Folgenden werden wir uns dabei auf die Installation unter Windows konzentrieren.)
3. Bestätigen Sie, dass die Datei heruntergeladen werden soll, wenn Sie mit einer früheren Firefox-Version arbeiten. Wenn Sie Firefox mit dem Internet Explorer herunterladen müssen, klicken Sie im Dialog *Dateidownload-Sicherheitswarnung*, den Sie in Abbildung A-1 sehen, auf *Speichern* und wählen Sie dann den Ort aus, an dem die Datei gespeichert werden soll.

Abbildung A-1:
Wenn Sie eine Datei aus dem Internet herunterladen, macht Sie der Internet Explorer auf das Risiko aufmerksam.

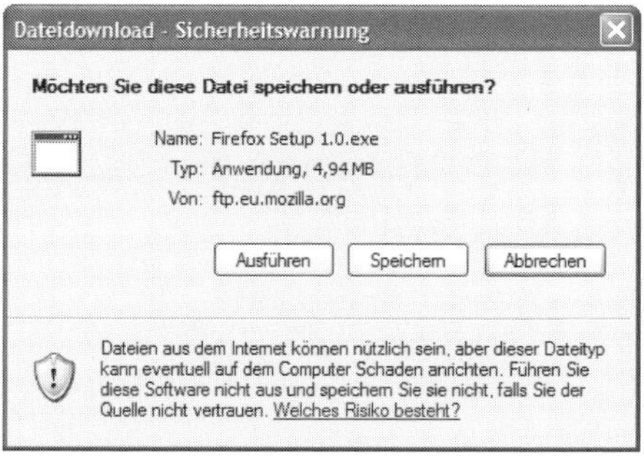

4. Starten Sie das Installationsprogramm.
5. Folgen Sie den Anweisungen im ersten Fenster des Installationsprogramms. Schließen Sie insbesondere alle laufenden Firefox-Instanzen. Klicken Sie dann auf *Weiter*.
6. Lesen und bestätigen Sie die Lizenvereinbarung, indem Sie »Ich akzeptiere die Bestimmungen der Lizenzvereinbarung« ankreuzen. Klicken Sie dann auf *Weiter*.
7. Wählen Sie eine Installationsform aus. Normalerweise ist die Standard-Installation ausreichend. Wenn Sie selbst festlegen wollen, in welchem Verzeichnis Firefox installiert wird, müssen Sie allerdings »Benutzerdefiniert« wählen. Klicken Sie auf *Weiter*.

8. Im nächsten Fenster informiert Firefox Sie, mit welchen Einstellungen Firefox installiert wird. Prüfen Sie, ob das die Einstellungen sind, die Sie benötigen. Nach diesem Punkt können Sie die Installation nicht mehr unterbrechen. Klicken Sie auf *Weiter*, um Firefox mit diesen Einstellungen zu installieren.
9. Jetzt wird Firefox auf Ihrem System installiert. Den Fortschritt können Sie im Fortschrittsanzeiger beobachten. Beenden Sie die Installation mit *Fertig*, nachdem dieser Vorgang abgeschlossen ist.
10. Geben Sie im Abschlussfenster des Installationsprogramms an, ob die offizielle Firefox-Startseite als Startseite festgelegt werden soll und ob Firefox jetzt gestartet werden soll.

Benutzerdaten und Browsereinstellungen übernehmen

Nach der Installation ist Firefox eigentlich sofort einsatzbereit. Um Ihnen einen reibungslosen Browser- oder Versionswechsel zu ermöglichen, ruft Firefox beim ersten Start gleich den Import-Assistenten auf, den Sie in Abbildung A-2 sehen.

Abbildung A-2:
Der Import-Assistent: Firefox bietet Ihnen die Möglichkeit, Einstellungen, Lesezeichen usw. aus anderen Browsern zu importieren. Er listet hier alle Browser auf, die auf Ihrem System installiert sind.

Den Import-Assistenten können Sie später jederzeit auch über *Datei* → *Importieren* aufrufen, wenn Sie Daten aus anderen Browsern übernehmen wollen.

Hinweis: Da Sie jeweils nur einen der angegebenen Browser auswählen können, müssen Sie den Dialog mehrfach aufrufen, wenn Sie die entsprechenden Daten aus mehreren Browsern importieren wollen.

Nachdem Sie den Browser ausgewählt und auf *Weiter* geklickt haben, können Sie im folgenden Fenster auswählen, welche Daten Firefox übernehmen soll (Abbildung A-3). Entfernen Sie einfach das Häkchen bei den Daten, die Sie nicht übernehmen wollen, und klicken Sie dann auf *Weiter* und schließen Sie nach erfolgreichem Import den Assistenten mit *Fertigstellen*.

Abbildung A-3:
Hier wählen Sie die Daten aus, die importiert werden sollen. Die Liste, die Sie hier sehen, ist davon abhängig, welchen Browser Sie ausgewählt haben, da Firefox mit den einzelnen Browsern jeweils nur bestimmte Informationen austauschen kann. Beim Internet Explorer haben Sie eine recht große Auswahl.

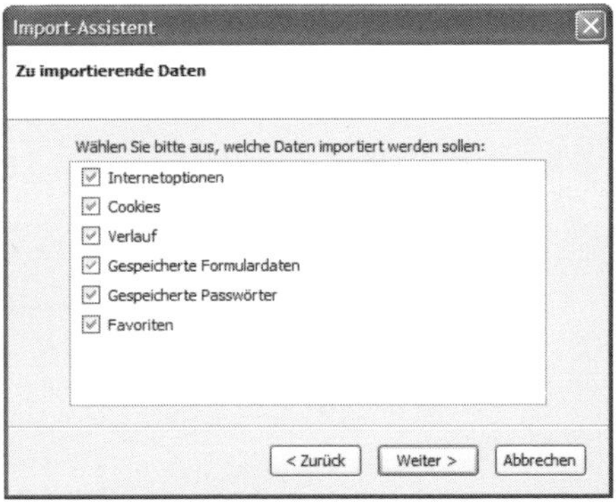

Wenn Sie bisher mit einer älteren Firefox-Version gearbeitet haben, müssen Sie gar nichts tun. Ihre neue Firefox-Version übernimmt automatisch alle Einstellungen.

SPRECHSTUNDE FÜR POWER USER

Einrichtungsprobleme

Beim Übernehmen dieser Daten kann es zu Problemen kommen, wenn Sie auf einem Mehrbenutzer-System arbeiten – z.B. auch, wenn Sie Firefox unter Windows als Administrator installieren und dann wieder als gewöhnlicher Benutzer damit arbeiten wollen. Für das Konto, unter dem Firefox installiert wurde, werden die Daten ordentlich übernommen, für andere Konten eventuell nicht.

Möchten Sie Ihre alten Daten auch unter anderen Konten weiterverwenden, können Sie das zur Not von Hand korrigieren. Dabei haben Sie zwei Möglichkeiten: Sie können die Daten Ihres alten Profils in ein neues Profil kopieren oder Sie können Ihr altes Profil in Ihre neue Firefox-Version einbinden.

Wie Sie manuell Benutzerdaten zwischen Profilen austauschen, erfahren Sie im Abschnitt »Einzelne Profildaten wiederverwenden« in Kapitel 11, *Benutzerprofile*. Wie Sie ein bestehendes Profil in eine neue Firefox-Installation einbinden, erfahren Sie im Abschnitt »Profile wiederverwenden« desselben Kapitels. Wenn es Probleme geben sollte, wenden Sie also einfach die dort beschriebenen Techniken an, um Ihre alten Daten wiederzuverwenden.

Firefox aktualisieren

Mit Firefox müssen Sie nicht immer manuell nach einer neuen Browserversion oder einer neuen Version von installierten Themes und Erweiterungen Ausschau halten. Firefox besitzt einen integrierten Aktualisierungsmechanismus, der Ihnen diese Arbeit erleichtern kann. Standardmäßig prüft er automatisch, ob neue Versionen der Komponenten verfügbar sind, die Sie installiert haben.

Findet er Updates, macht er Sie durch ein Symbol in der Menüzeile darauf aufmerksam. An ihrem rechten Rand sehen Sie dann wie in Abbildung A-4 ein stilisiertes Glöckchen mit farbigem Hintergrund. Ist der Hintergrund grün, ist ein Update verfügbar, ist er blau, sind gleich mehrere Updates verfügbar. Ein rotes Update-Symbol erscheint nur dann, wenn kritische, d.h. sicherheitsrelevante Updates für Firefox selbst verfügbar sind.

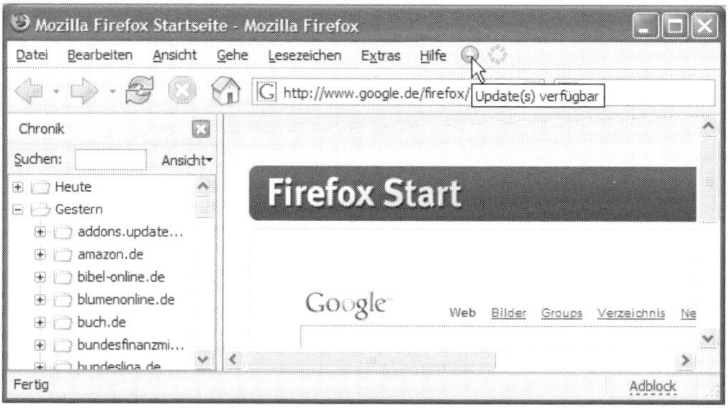

Abbildung A-4:
Firefox signalisiert, dass Updates verfügbar sind.

Abbildung A-5:
Im Update-Assistent können Sie auswählen, was aktualisiert werden soll.

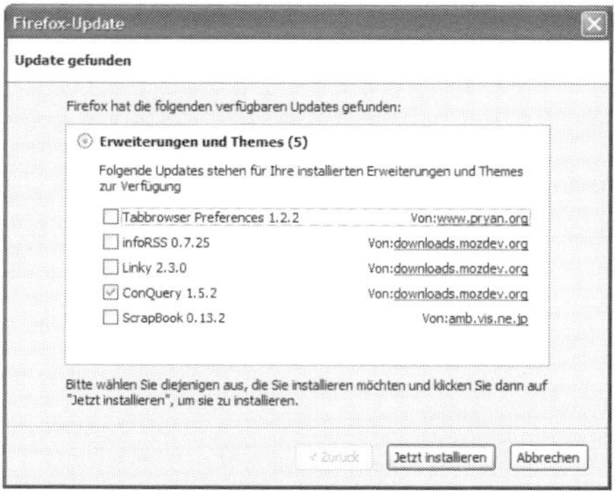

Klicken Sie auf dieses Symbol, um die Aktualisierung einzuleiten. Firefox startet dann den Update-Assistenten, der überprüft, für welche Komponenten Updates verfügbar sind. Findet er Updates, können Sie, in dem Dialog, den Sie in Abbildung A-5 sehen, auswählen, welche Sie aktualisieren möchten.

Klicken Sie anschließend auf *Jetzt installieren*, um die entsprechenden Komponenten zu aktualisieren.

Den Aktualisierungsmechanismus konfigurieren

Im Abschnitt »Software-Update« von *Extras → Einstellungen → Erweitert* (siehe Abbildung A-6) können Sie festlegen, nach welchen Updates Firefox automatisch suchen soll.

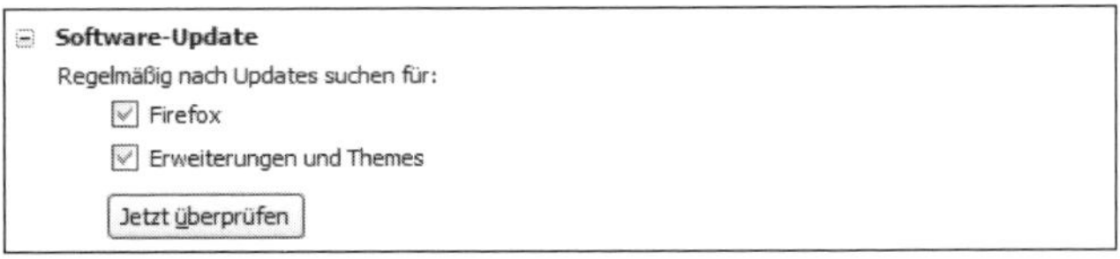

Abbildung A-6:
Die Konfigurationsmöglichkeiten für den Aktualisierungsmechanismus.

Standardmäßig wird nach Updates für Firefox selbst und nach Updates für installierte Themes und Erweiterungen gesucht. Entfernen Sie das Häkchen bei »Firefox«, wenn nicht nach Updates für Firefox gesucht werden soll. Entfernen Sie das Häkchen bei »Erweiterungen und Themes«, wenn nicht nach neuen Versionen installierter Themes und Erweiterungen gesucht werden soll.

Wenn Sie beide Häkchen entfernen, schalten Sie den Aktualisierungsmechanismus vollständig ab.

Manuell nach Updates suchen

Unter *Extras → Einstellungen → Erweitert → Software-Update* können Sie auch manuell nach Updates für alle Komponenten suchen. Klicken Sie dazu einfach auf den Button *Jetzt überprüfen*. Firefox öffnet dann den Update-Assistenten und Sie können genauso fortfahren, wie oben beschrieben.

Hinweis: Wenn Sie nur nach Aktualisierungen für eine bestimmte Komponente, d.h. ein Theme oder eine Erweiterung, suchen, verwenden Sie die Update-Funktionalitäten des Theme- bzw. Erweiterungsmanagers. Mehr dazu erfahren Sie in den Kapiteln 9 und 10.

Firefox deinstallieren

Eigentlich sollte dieses Buch Sie ja so von Firefox überzeugt haben, dass Sie gar nicht auf den Gedanken kommen, Firefox zu deinstallieren. Aber sollten Sie aus irgendeinem unerfindlichen Grund doch einmal dazu gezwungen sein, dann ist auch die Deinstallation von Firefox kein großes Problem.

Beenden Sie zunächst alle laufenden Firefox-Instanzen. Gehen Sie dann unter Windows in die Systemsteuerung und wählen Sie *Software*. Suchen Sie nach dem Eintrag für Firefox und klicken Sie auf *Ändern/Entfernen*. Bestätigen Sie die Deinstallation mit einem Klick auf *OK*.

Bei der Deinstallation werden nur die Programmkomponenten entfernt, Ihre Programmeinstellungen bleiben erhalten. Wenn Sie Firefox später erneut installieren, stehen Ihnen diese wieder zur Verfügung.

Möchten Sie auch die Programmeinstellungen entfernen, müssen Sie das von Hand erledigen. Öffnen Sie dazu Ihren Dateimanager und löschen Sie das Verzeichnis mit den Firefox-Anwendungsdaten. (Unter Windows XP ist das normalerweise *C:\Dokumente und Einstellungen\{Benutzername}\Anwendungsdaten\Mozilla\Firefox*.)

Anhang

B Tastenkombinationen

Firefox lässt sich ausgezeichnet über die Tastatur steuern. Die meisten der verfügbaren Tastenkombinationen dürften Ihnen schon von der Arbeit mit anderen Browsern bekannt sein. Bei Firefox können Sie noch ein paar weitere anwenden, die Ihnen den Zugriff auf Firefox-spezifische Funktionen erleichtern.

Tabelle B-1: Tastenkombinationen

Befehl	Tastenkombination
Adresse in neuem Tab öffnen	Alt+Enter
Alles auswählen	Strg+A
Ausschneiden	Strg+X
Beim Eintippen nur Links suchen	'
Beim Eintippen nur Text suchen, keine Links	/
Caret-Browsing	F7
Chronik	Strg+H
Datei öffnen	Strg+O
Download-Manager	Strg+J
Drucken	Strg+P
Einfügen	Strg+V

Tabelle B-1: Tastenkombinationen (Forts.)

Befehl	Tastenkombination
Fenster schließen	Strg+Umschalt+W Alt+F4 Strg+W (wenn im Fenster nur ein Tab geöffnet ist)
Frame vor	F6
Frame zurück	Umschalt+F6
Gehe zu Adressleiste	F6 Strg+L
Gehe zu Websuche	Strg+E Strg+K
Kopieren	Strg+C
Lesezeichen	Strg+B Strg+I
Lesezeichen hinzufügen	Strg+D
Löschen	Entf
Löschen (gespeicherte Formulardaten, besuchte Webadressen, Chronikeinträge, Lesezeichen in Sidebar)	Umschalt+Entf
Neu laden	F5 Strg+R
Neu laden und Cache überschreiben	Strg+F5 Umschalt+Strg+R
Neue E-Mail schreiben	Strg+M
Neuen Tab öffnen	Strg+T
Neues Fenster öffnen	Strg+N
Rückgängig machen	Strg+Z
Rückwärts suchen	Umschalt+F3
Schrift vergrößern	Strg++
Schriftgröße verkleinern	Strg+-
Schriftgröße wiederherstellen	Strg+0

Tabelle B-1: Tastenkombinationen (Forts.)

Befehl	Tastenkombination
Seite durchsuchen	Strg+F
Seite speichern unter...	Strg+S
Seite zurück	Rücktaste Alt+Pfeil-nach-links
Seiteninformationen	Strg+I
Seiten-Quelltext anzeigen	Strg+U
Seite vor	Umschalt+Rücktaste Alt+Pfeil-nach-rechts
Startseite laden	Alt+Pos 1
Stopp	Esc
Tab [1 bis 9]	Strg+[1 bis 9]
Tab schließen	Strg+W Strg+F4
Tab vor	Strg+Tab Strg+BildUnten
Tab zurück	Strg+Umschalt+Tab Strg+BildHoch
URL-Vervollständigung (www.*.com)	Strg+Enter
URL-Vervollständigung (www.*.net)	Umschalt+Enter
URL-Vervollständigung (www.*.org)	Strg+Umschalt+Enter
Vollbild	F11
Weitersuchen	F3 Strg+G
Wiederholen	Strg+Umschalt+Z Strg+Y
Zur nächsten Suchmaschine in Websuche wechseln	Strg+Pfeil-nach-oben
Zur vorherigen Suchmaschine in Websuche wechseln	Strg+Pfeil-nach-unten

Profilordner

Profile werden auf Ihrem System in Ordnern gespeichert, die einen bestimmten Satz von Dateien enthalten. Je nach Installation, installierten Erweiterungen und gesammelten Daten kann es dabei allerdings Unterschiede geben. Wundern Sie sich also nicht, wenn die hier aufgeführten Verzeichnisse nicht ganz mit denen übereinstimmen, die bei Ihnen zu sehen sind.

Speicherorte für Profile

In Tabelle C-1 finden Sie eine Aufstellung der Pfade, unter denen Profile bei den verschiedenen Betriebssystemen aufbewahrt werden.

Tabelle C-1: Pfade zum Profiles-Verzeichnis

Betriebssystem	Pfad
Windows XP	*C:\Dokumente und Einstellungen\{Benutzername}\Anwendungsdaten\Mozilla\Firefox\Profiles*
Windows 95/98/Me	*C:\WINDOWS\Anwendungsdaten\Mozilla\Firefox\Profiles*
Linux	*~/.mozilla/firefox*
Mac OS X	*~/Library/Application Support/Firefox/Profiles/*

»Benutzername« ist dabei der Name, unter dem Sie bei Ihrem System angemeldet sind, »~« ist der Pfad Ihres Home-Verzeichnisses.

Die verschiedenen Profile sind als separate Ordner in diesem Verzeichnis enthalten. Die Bezeichnung dieser Ordner ist *xxxxxxxx.{Profilname}*. Die »x« stehen dabei für acht beliebige alphanumerische Zeichen, »Profilname« für den Namen des Profils.

Wenn Sie noch keine Profile angelegt haben, finden Sie hier nur einen Ordner mit dem Namen *xxxxxxxx.default*. Das ist der Ordner für das Standardprofil.

Ordner und Dateien in Profilordnern

Innerhalb eines Profilordners finden Sie üblicherweise vier weitere Ordner.

Tabelle C-2: Ordner im Profiles-Verzeichnis

Ordner	Inhalt
Cache	Cache-Dateien
Cache.Trash	Temporäres Cache-Verzeichnis, das nur verwendet wird, wenn der Cache gelöscht wird
chrome	Installierte Themes und Erweiterungen
extensions	Installierte Erweiterungen

Neben diesen Ordnern gibt es noch eine Reihe von Dateien, in denen die Profildaten gespeichert werden. Ein Teil von ihnen dient der Speicherung der Benutzerdaten, die beim Surfen anfallen, andere halten Konfigurationseinstellungen fest. Die mit einem Sternchen versehenen Dateien werden von Firefox automatisch generiert und sollten deswegen nicht manuell bearbeitet werden.

Tabelle C-3: Dateien im Profiles-Verzeichnis

Datei	Inhalt
bookmarks.bat	Sicherungskopie der Lesezeichen
bookmarks.html	Lesezeichen
cert8.db	Datenbank für Zertifikate
*compatibility.ini**	Kompatibilitätsangaben
*components.ini**	Komponenten-Auflistung
*compreg.dat**	Komponenten-Registrierung
cookies.txt	Gespeicherte Cookies
downloads.rdf	Download-Manager-Daten
formhistory.dat	Eingegebene Formulardaten
history.dat	In der Chronik gespeicherte Webseiten (verschlüsselt)
hostperm.1	Cookie- und Grafik-Ausnahmen
key3.db	Schlüssel-Datenbank
localstore.rdf	Benutzerdefinierte Fenstereinstellungen usw.
mimeTypes.rdf	Dateiverknüpfungen für bekannte MIME-Typen
*parent.lock**	Sperr-Datei; nur wenn das Profil gerade in Gebrauch ist
*prefs.bak**	Sicherheitskopie der Benutzereinstellungen
*prefs.js**	Alle Benutzereinstellungen
search.rdf	Plugins für die Websuche
secmod.db	Datenbank für Sicherheitsmodule
signons.txt	Passwort-Daten; nur vorhanden, wenn bereits Passwörter gespeichert wurden
*xpti.dat**	XPCOM-Typbibliothek-Informationen
XUL.mfl	»XUL-Fast-Load«-Datei. Enthält vorkompilierte Komponenten.

Neben diesen Standarddateien kann ein Profil auch noch drei benutzerdefinierte Dateien enthalten:

- **user.js:** In dieser Datei können Sie benutzerdefinierte Einstellungen festlegen, die die systemweiten Werte überschreiben.
- **userChrome:** Benutzerdefinierte Vorgaben für die Gestaltung der Firefox-Oberfläche.
- **userContent:** Benutzerdefinierte Vorgaben für die Darstellung von Websites.

Auf die Konfigurationsmöglichkeiten, die Ihnen diese Dateien bieten, kann in diesem Buch leider nicht eingegangen werden. In Anhang D, *Webressourcen*, finden Sie aber eine Reihe von Webseiten, die sich speziell mit diesen Fragen befassen.

Webressourcen

Deutsche Webseiten

www.mozilla-europe.org: Die zentrale Anlaufstelle zu Firefox und anderen Mozilla-Produkten. Hier finden Sie Informationen, Tipps, Tricks, Downloads und Links zu anderen Ressourcen.

http://plugindoc.mozdev.org/de-DE/: Die deutsche Version von PluginDoc, der zentralen Anlaufstelle für Firefox-Plugins.

http://firefox.uni-duisburg.de/forum/: Support-Forum zu Firefox. Wenn Sie Fragen oder Probleme haben, die Sie mit diesem Buch nicht lösen können, finden Sie hier vielleicht Hilfe.

http://borumat.de/firefox-browser-tipps.php: Private Seite mit vielen Tipps zur Konfiguration von und Arbeit mit Firefox.

http://firefox.bric.de/: Seite mit allgemeinen Informationen und Tipps zu Firefox.

Englischsprachige Webseiten

www.mozilla.org: Die original Mozilla-Seite. Viele Informationen, die Sie auf der deutschen Firefox-Seite finden, stammen von hier. Manche Informationen können Sie auch nur über diese Seite abrufen.

http://update.mozilla.org/?application=firefox: Mozilla-Update. Hier finden Sie Erweiterungen, Themes und Plugins für Firefox und andere Mozilla-Anwendungen.

www.mozillazine.org: Forum zu allen Themen, die Mozilla-Produkte betreffen. Wenn Sie ein Problem haben, können Sie hier nachsehen, ob andere Anwender ähnliche Probleme mit Firefox haben. Klicken Sie oben in der Navigationsleiste auf »Fx«, wenn Sie Firefox-Ressourcen suchen. Zum Forum gehts auf der rechten Seite, links und in der Mitte finden Sie Download-Möglichkeiten.

http://ilias.ca/: Link-Sammlung zu Mozilla, Firefox und Konsorten.

http://windowssecrets.com/041202/#top1: WindowsSecrets ist keine spezielle Firefox-Seite. Aber »Firefox Secrets« ist ein guter Artikel zur Arbeit mit den Konfigurationsdateien und dem Konfigurationseditor von Firefox.

http://the-edmeister.home.comcast.net/: Private Webseite mit guten Informationen zu den Firefox-Konfigurationsdateien und Firefox-Profilen.

Index

A

about:-Option 73
about:buildconfig-Option 73
about:cache-Option 72
about:plugins-Option 130
Adblock-Erweiterung 111, 154
  installieren 150
Adressleiste
  Google»I'm feeling happy«-Suche 35
  Schlüsselwörter und 95
  Symbol für Webseite 90
  Vervollständigung von Webadressen 68
Aktualisieren
  Aktualisierungsmechanismus konfigurieren 182
  Erweiterungen 153, 180–183
  Firefox 180–183
  manuell nach Updates suchen 182
  Themes 147, 180–183
  Update-Assistent 181
  Update-Symbol in Menüleiste 180
All-in-One-Gestures-Erweiterung 158
AutoCopy-Erweiterung 157

B

Benutzerdaten übernehmen 178
benutzerdefinierte Buttons in Symbolleisten 142
Benutzeroberfläche
  anpassen 140–147
  einheitliche, unter mehreren Profilen 174
  Leisten ein-/ausblenden 140
Benutzerprofile (siehe Profile)
bookmarks.html-Datei 173, 189
Browsereinstellungen übernehmen 178

C

Cache 70–73
  Größe anpassen 71
  Inhalt ansehen 71
  löschen 70
  Ordner 188
Caret-Browsing 39
chrome-Ordner 174, 188
Chronik 62–69
  abschalten 68
  Ansichtsoptionen 65–66
  aufrufen 62
  durchsuchen 64
  Einträge und Ordner löschen 67
  Gehe-Menü und 63
  history.dat-Datei 173
  konfigurieren 67
  vollständig löschen 68
Chronik vs. Liste der besuchten Webseiten 63

ConQuery-Erweiterung 160
Cookies 119–124
aktivieren/deaktivieren 120
Ausnahmen definieren 122
cookies.txt-Datei 173, 189
gespeicherte
anzeigen 124
löschen 124
cookies.txt-Datei 173, 189

D

Dateitypen
Plugins und 126
verwalten 45
default-Profil 163
Down Them All-Erweiterung 156
Download Manager Tweak-Erweiterungen 156
Download-Manager 46–48
Einträge löschen 48
in Sidebar oder Tab anzeigen 156
konfigurieren 50
Downloads 45–50
abbrechen, unterbrechen, wiederaufnehmen 46
Download-Ordner 50
Eigenschaften-Dialog 48
konfigurieren 49
mit externen Download-Managern 157
verwalten 47
Drucken 51–60
Anzahl von Kopien festlegen 52
in Datei umleiten 51
Druckbereich festlegen 51
Drucker einrichten 51
einzelne Seiten 54
Formatkodes für Kopf- und Fußzeileninhalte 59
Frames 52
Kopf- und Fußzeile festlegen 57
Seitennummern mit Druckvorschau ermitteln 54
Seitenränder einrichten 56, 57
Webseiten skalieren 55
Drucken-Dialog 51
Druckvorschau 53–60
dynamische Lesezeichen 86–87

E

Eigenschaften-Dialog
Downloads 48
Lesezeichen 94
Einstellungen-Dialog
Cache 70
Chronik 67
Cookies 120
Dateitypen verwalten 45
Downloads 49
Erweiterungen 151
Formulardaten 74
gespeicherte Passwörter 76
Grafik-Option 108
Java 117
JavaScript 118
öffnen 14
Plugins 128
Pop-up-Blocker 107
Schriftarten & Farben 137
Software-Installation 112
Software-Updates 182
Startseite festlegen 131
Tabbed-Browsing 161
Tabs 24

einzelne Seiten drucken 54
Erweiterungen 148–161
- Adblock 111, 150, 154
- aktivieren/deaktivieren 152
- aktualisieren 153
- All-in-One-Gestures 158
- AutoCopy 157
- ConQuery 160
- deinstallieren 153
- Down Them All 156
- Download Manager Tweak 156
- Erweiterungsmanager 148
- fireFTP 156
- FlashGot 157
- Forcastfox 154
- FoxyTunes 154
- IEView 155
- individuell konfigurieren 151
- installieren 148
- Plugins und 164
- RSS-spezifische 160
- ScrapBook 157
- Tabbrowser Preferences 161
- unter mehreren Profilen verwenden 174

Explorer-Leiste (siehe Sidebar)
Exportieren von Lesezeichen 100
extensions-Ordner 174, 188

F

Farben festlegen 137
Favoriten (siehe Lesezeichen)
Firefox
- aktualisieren 180–183
- Benutzeroberfläche anpassen 140–147
- deinstallieren 183
- installieren 176–178
- mit Mausgesten steuern 158
- zum Standardbrowser machen 133

fireFTP-Erweiterung 156
Flash-Plugin installieren 127
FlashGot-Erweiterung 157
Forcastfox-Erweiterung 154
Formatkodes für Kopf- und Fußzeileninhalte 59
formhistory.dat-Datei 173, 189
Formulardaten (siehe gespeicherte Formulardaten)
FoxyTunes-Erweiterung 154
Frames
- drucken 52
- spezielle Funktionen für 40

G

gefälschte Login-Seiten erkennen 116
gespeicherte Formulardaten
- aktivieren/deaktivieren 74
- einzelne Einträge löschen 75
- formhistory.dat-Datei 173
- löschen 74
- zugreifen auf 73

gespeicherte Passwörter 75, 80
- aktivieren/deaktivieren 76
- alle löschen 78
- anzeigen 77
- einzelne löschen 78
- löschen 77
- Master-Passwort 78
  - gespeicherte Formulardaten 80

Passwort-Manager 77
Sicherheit 76
Google-»I'm feeling happy«-Suche 35
Grafiken 108–111
Adresse kopieren 42
Adresse versenden 42
blockieren 108
als Desktop-Hintergrund einrichten 43
Grafik allein laden 42
kopieren 42
Laden, aktivieren/deaktivieren 108
speichern 42
spezielle Funktionen für 42–43
über Kontextmenü blockieren 110
von Dritten blockieren 109
Groß-/Kleinschreibung beim Suchen 30

H

history.dat-Datei 173, 189
hostperm.1-Datei 173, 189

I

IEView-Erweiterung 155
Import-Assistent 179
Importieren von Lesezeichen 100
Informationsleiste
geblocktes Pop-up 105
Pop-up-Optionen 106
Software-Installation unterbunden 114
Inhalte von Webseiten auswählen 38–39
Installieren
Erweiterungen 111–115, 116, 148
Firefox 176–178
Plugins 111–115, 116, 127
Themes 145
Internet Explorer aus Firefox aufrufen mit IEView 155

J

Java aktivieren/deaktivieren 117
JavaScript
aktivieren/deaktivieren 118
erweiterte Optionen 118

K

key3.db-Datei 173
Konfigurationseditor 142
Konfigurieren
Chronik 67
Downloads 49
Kontextmenü
aufrufen mit rechter Maustaste 38
Grafiken blockieren 111
Schlüsselwort für Suche hinzufügen 97
Kopieren
Grafiken 42
Inhalte von Webseiten 38
Lesezeichen 92
Link-Adresse 41

L

Lesezeichen 81–103
alle in einem Ordner in Tabs öffnen 84

anlegen 82
für mehrere Seiten 85
in Ordnern 83
über Kontextmenü 94
Eigenschaften 94
erstellen für Links 41, 83
exportieren/importieren 100
in Sidebar laden 94
Kontextmenü 92
kopieren 92
Namen ändern 94
Ordner Lesezeichen-Symbolleiste festlegen 102
Schlüsselwörter (siehe Schlüsselwörter)
sortieren 93, 100
als Startseite festlegen 131
in Tabs öffnen 83
verschieben 91
verwalten
mit Lesezeichen-Manager 99
mit Kontextmenü 93
Lesezeichen-Manager 99
Optionen zum Sortieren 100
Suchen im 100
Lesezeichen-Sidebar 88
Lesezeichen-Symbolleiste 88
Links
Adresse kopieren 41
aus anderen Anwendungen in Tabs öffnen 24
Lesezeichen erstellen für 41, 83
mit Drag-and-Drop 90
Link-Ziel speichern 41
Liste der besuchten Webseiten 62, 63
vs. Chronik 63
localstore.rdf-Datei 175, 189
Login-Formulare automatisch ausfüllen 75
Löschen
gespeicherte Formulardaten 74
gespeicherte Passwörter 78

M

Master-Passwort 78, 80
Mausgesten 158

N

Nicht-Webinhalte mit Firefox öffnen 44–45
Dateitypen verwalten 45

O

Offline arbeiten 70
Ordner
Cache 188
chrome 174, 188
extensions 174, 188
Lesezeichen- 83
Lesezeichen-Symbolleiste 102
Profile- 165, 188

P

Passwörter 75, 80
anzeigen 77
löschen 77, 78
nie speichern 76
Passwort-Manager 77
signons.txt-Datei 173
speichern 75
aktivieren/deaktivieren 76

Plugins 125–130
aktivieren/deaktivieren 128
Dateitypen öffnen und 126
deinstallieren 129
Erweiterungen und 164
installieren 127
Pop-up-Blocker 105–108
aktivieren/deaktivieren 107
Ausnahmen definieren 107
Informationsleistenmeldung 105
prefs.js-Datei 174, 189
Profile 163–175
alte, wiederverwenden 168
anlegen 165
Benutzerdaten, Browsereinstellungen und 163
benutzerdefinierte Konfigurationsdateien 190
Daten wiederverwenden 168, 172
Erweiterungen unter mehreren verwenden 174
löschen 167
Ordner
Namen 188
Ordner und Dateien in 188
wählen 165
wiederverwenden 168
profiles.ini-Datei 170
Profil-Manager
beim Starten anzeigen 166
Speicherorte für 170, 187
Standardprofil 163, 188
Themes unter mehreren verwenden 174
umbenennen 167
wechseln 166
profiles.ini-Datei 170
Profiles-Ordner 170
-profilmanager-Option 164

R

RSS 86
abonnieren 86
Angebote erkennen 86
Erweiterungen für RSS 160

S

Schlüsselwörter 95–98
definieren 96
doppelte Verwendung vermeiden 96
für Suche im Web 96
Schriftarten festlegen 137
Schriftgröße für Webseiten ändern 136
ScrapBook-Erweiterung 157
Seite einrichten-Dialog 56
Seitenränder für Druck einrichten 56
Sicherheit
Cookies 119
gespeicherte Passwörter 76
Hervorhebung sicherer Websites 116
Software-Installation 111
Sidebar
Chronik anzeigen in 62
ein-/ausblenden 141
Lesezeichen laden in 94
signons.txt-Datei 173, 189
Software-Installation (siehe Installieren)
Software-Updates (siehe Aktualisieren)

Sortieren
Lesezeichen 93
Lesezeichen im Lesezeichen-Manager 100
Speichern
Formulardaten 73–75
aktivieren/deaktivieren 74
Grafiken 42
Passwörter 75
Webseiten 37–38
Dateitypen 37
Standardbrowser, Firefox als 133
Standardprofil 163, 188
Startseite
festlegen 131
Lesezeichen festlegen als 131
mehrere Seiten als Startseiten öffnen 132
Statusleiste ein-/ausblenden 141
Suchen
»Beim Eintippen suchen«-Funktion 29
über Adressleiste 35
in Chronik 64
Ergebnisse durchlaufen 30
Google-»I'm feeling happy«-Suche 35
Lesezeichen in Sidebar 89
mit Schlüsselwörtern 96
Suchleiste 28
Treffer hervorheben 30
im Web 30–35
in Webseiten 28–30
Suchleiste (siehe Suchen)
Symbolleisten
anpassen 143
ein-/ausblenden 140
individuell konfigurieren 142
neue anlegen 144

T

Tabbrowser Preferences-Erweiterung 161
Tabs 20–27
alle Lesezeichen in einem Ordner öffnen 84
Erweiterungen für 161
Fenster vs. 20
im Hintergrund öffnen 25
Lesezeichen anlegen, für alle geöffneten 85
Lesezeichen öffnen in 83
Links aus anderen Anwendungen öffnen in 24
Links in Tabs öffnen 21
schließen 23
Tabbrowser Preferences-Erweiterung 161
Tableiste ein-/ausblenden 25
zwischen Tabs wechseln 23
Tastenkombinationen 184–186
Themes 145–147
deinstallieren 147
installieren 145
Theme-Manager 145
unter mehreren Profilen verwenden 174
wechseln 146

U

Übernehmen von Benutzerdaten und Browsereinstellungen 178
Updates (siehe Aktualisieren)

V

Verlauf (siehe Chronik)
Vervollständigung von Webadressen in Adressleiste 68
Vollbild-Modus 141

W

Webseiten
ausgewählte Inhalte drucken 39
bevorzugte Sprachen angeben 134
Darstellung anpassen 136–140
zum Drucken skalieren 55
eigene Darstellungseinstellungen anwenden 140
für Druck an Druckseite anpassen 56
Inhalte auswählen 38–39
Inhalte herunterladen mit Down Them All 156
Liste der besuchten 62, 63
Schriftgröße ändern 136
speichern 37–38
als Text 38, 39
Dateitypen 37
mit ScrapBook 157
Sprachpräferenzen sortieren 135
Standarddarstellung festlegen 137
suchen in 28–30
Symbol in Adressleiste 90
Zeichenkodierung festlegen bzw. anpassen 135
Websites
Software-Installation gestatten 112
vs. Webseiten 65
Websuche 30–35
für Begriff auf Webseite 32
gespeicherte Formulardaten und 32
gespeicherte Suchanfragen 32
über Kontextmenü mit ConQuery 160
Such-Plugins 33
Werbebanner, mit Adblock blockieren 150, 154
Wetter in Firefox anzeigen mit Forcastfox 154